O SISTEMA **CAGED** E 100 **LICKS** DE **GUITARRA** BLUES

Aprenda a tocar o blues do seu jeito

JOSEPH **ALEXANDER**

FUNDAMENTAL**CHANGES**

O Sistema CAGED e 100 Licks de Guitarra Blues

Aprenda a tocar o blues do seu jeito

Publicado por **www.fundamental-changes.com**

ISBN: 978-1910403419

Traduzido do inglês por Marcos Gutemberg Chaves

O direito moral deste autor foi declarado.

Fundamental Changes Ltd.

www.fundamental-changes.com

FB: FundamentalChangesInGuitar

http://www.fundamental-changes.com

Conteúdo

Introdução

É difícil encontrar liberdade melódica na guitarra; na verdade, a maioria dos guitarristas fica presa nos mesmos padrões e desenhos de escalas por anos, incapazes de se libertarem dos primeiros hábitos e frases que aprenderam quando eram iniciantes. Isso acarreta estagnação criativa, solos entediantes e um sentimento de que sempre haverá algo faltando em sua performance.

Pergunte-se isto:

Quando você sola, geralmente vai direto para *aquele* primeiro desenho de escala pentatônica?

Você geralmente toca em um alcance limitado de tons "fáceis", como Lá (A), Mi (E), Sol (G) e Dó (C)?

Você gostaria de ter total liberdade para visualizar e tocar em qualquer tom, em qualquer posição da guitarra?

Você usa *apenas* escalas pentatônicas menores, ou raramente usa modos de ricas sonoridades para incrementar o seu som?

Se a resposta para qualquer das perguntas acima for sim, então, definitivamente, este livro é para você.

Este livro lhe ajudará a espalhar a sua técnica por todo o braço da guitarra. Ele te liberta de tocar as mesmas ideias repetidas. Este livro estimula a criatividade ao abrir o braço da guitarra e, mais importante ainda, te ensina um método visual incrivelmente forte para tirar escalas e *licks*, a partir de cinco desenhos de acordes fáceis de lembrar.

O Sistema CAGED para Guitarra Blues abrange ambas as Escalas Pentatônicas Maior e Menor, a Escala Blues e o Modo Mixolídio. Com 25 licks para cada escala, cobrindo todas as cinco posições, você nunca estará sem algo interessante para dizer com o seu instrumento.

Ainda estão incluídos truques e segredos de guitarristas profissionais para "destrancar" o braço da guitarra para que eles sempre tenham algo para tocar. O conceito mais importante é o sistema CAGED, que irá ajudá-lo a enxergar o braço da guitarra como se fosse a palma da sua mão e a tocar com facilidade em qualquer tom ou posição.

Este não é um livro sobre escalas. Há mais de 100 licks de guitarra blues que você irá memorizar facilmente e que formarão a base dos seus novos e melhorados solos. Você aprenderá a tirá-los de qualquer desenho de acorde, de modo que, onde quer que você esteja no braço da guitarra, você nunca perderá o *groove*.

Cada lick é demonstrado em um exemplo individual de áudio, que você pode baixar em **www.fundamental-changes.com/audio-downloads**. Há mais de uma hora de áudios inclusa e oito *playbacks* de apoio adaptados.

Este é o método ensinado no London College of Music's Guitar Institute e eu estou muito feliz de compartilhar esses poderosos conceitos com você, no meu livro.

Divirta-se, e boa sorte!

Joseph Alexander

Obtenha os áudios

Os arquivos de áudio para este livro estão disponíveis para download *gratuito* em **www.fundamental-changes.com**; o link está no canto superior direito. Basta selecionar o título do livro no menu suspenso e seguir as instruções para obter os áudios.

Nós recomendamos que você baixe e extraia os arquivos diretamente para o seu computador (e não para o tablet) antes de adicioná-los à sua biblioteca de mídia. Assim você pode colocá-los no seu tablet, iPod, ou gravá-los em CD. Na página de download há um arquivo de ajuda em PDF, e *nós também fornecemos suporte técnico através do formulário na página de download.*

Nós passamos um bom tempo aperfeiçoando esses áudios, e você terá grandes benefícios ao ouvir esses exemplos conforme for caminhando pelo livro. Eles são gratuitos, então o que você está esperando?!

Vá para **www.fundamental-changes.com** e pegue os arquivos de áudio agora.

Você também pode abocanhar 350 lições gratuitas de guitarra.

Se você estiver lendo esse livro em um eReader, dê um toque duplo em cada imagem para ampliá-la. Manter o seu eReader em modo paisagem e desabilitar a visualização por colunas também pode ajudar.

Capítulo Um - O Que é o Sistema CAGED?

A guitarra é um instrumento único, pois não é linear. Imagine um teclado; as notas vão em uma direção e há apenas um jeito de tocar cada tom. Quando você compara isso com a guitarra, você perceberá que nós temos mais de um jeito de tocar a maioria dos tons, e que as notas se movem horizontal *e* verticalmente pelo braço.

O que nós precisamos é de um jeito simples de dar sentido a toda essa informação; um jeito de organizar o braço da guitarra em divisões práticas, para remover a confusão e ajudar a nos aventurarmos por áreas que, talvez, não estejamos confiantes em explorar.

Quanto mais nós conhecermos o braço da guitarra, mais criativos, expressivos e musicais nós poderemos ser, e nos sentiremos muito mais satisfeitos com o nosso desempenho.

É aí que entra o sistema CAGED.

O sistema CAGED divide o braço da guitarra em partes manejáveis, baseadas em cinco desenhos diferentes de acordes - o desenho de Dó (C), o desenho de Lá (A), e os desenhos de Sol (G), Mi (E) e Ré (D).

Observe estes desenhos de acordes com *pestana*. Veja se você reconhece as posições abertas que você provavelmente aprendeu quando era iniciante. Os pontos quadrados são as notas *tônicas*, e cada acorde é mostrado aqui como uma voz de Lá Maior:

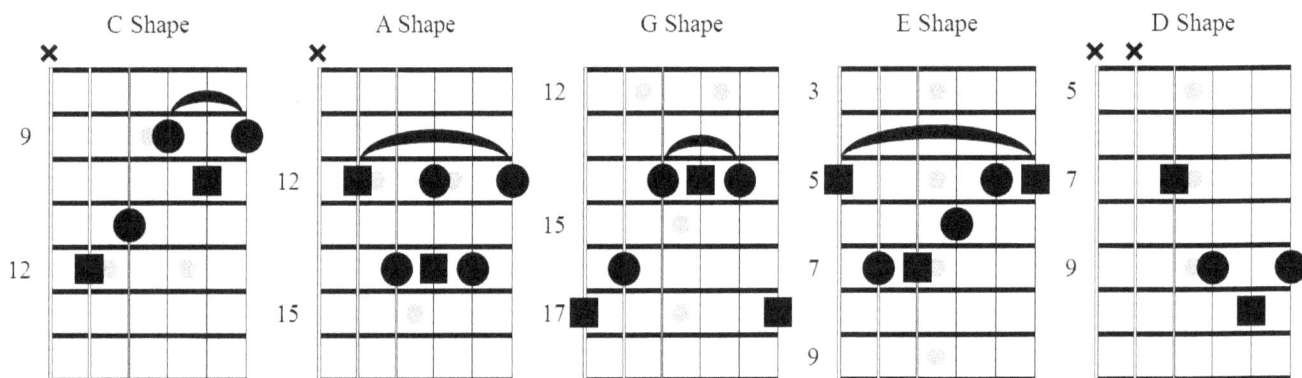

Nós usamos esses desenhos de acordes para dividir o braço da guitarra quando solamos. O que você irá aprender é como *tirar* desenhos de escala e licks de cada um desses desenhos de acordes. Isso leva tempo, mas nunca mais te abandonará.

É como «ver a Matrix».

Usando cada um desses desenhos nós podemos seccionar o braço da guitarra; um desenho para uma posição.

Por ora, vamos trabalhar em um tom, o tom de Lá. Aqui estão todos os acordes acima, mostrados como diferentes *vozes* de um acorde de Lá Maior, espalhados pelo braço da guitarra.

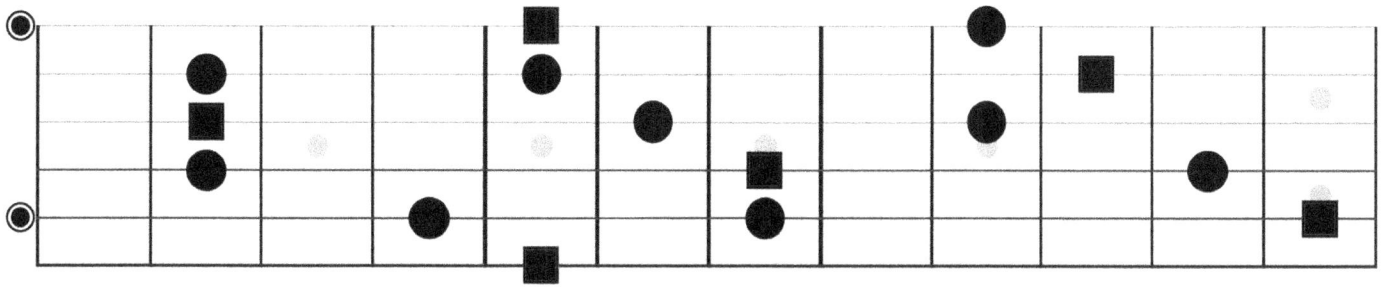

À primeira vista, isso pode parecer confuso, mas olhe de novo, cuidadosamente. Consegue ver todos os desenhos das pestanas da página anterior no diagrama acima? Use as notas tônicas (os pontos quadrados) para te ajudar a se orientar.

Por que isso é importante?

Esse conceito é vital para a nossa habilidade de solar em qualquer posição. Por exemplo, se eu estou no tom de Lá Maior e minha mão esquerda está localizada na área entre a 9ª e a 12ª casa, eu estarei visualizando o desenho de Dó (C). Se eu quiser tocar entre a 3ª e a 5ª casa, eu vejo o desenho de Sol (G). Eu tenho diversos licks e linhas de guitarra na minha cabeça que eu visualizo em torno de cada desenho, então onde quer que eu esteja na guitarra, eu sempre tenho alguma coisa para tocar!

O verdadeiro macete para tudo isso é ser capaz de enxergar claramente todas as notas *tônicas* para o tom em que estejamos tocando. Neste livro, *notas tônicas* sempre serão mostradas como um quadrado, em qualquer diagrama.

Agora você deve entender que:

Nós temos cinco desenhos de acordes que dividem o braço da guitarra em cinco áreas individuais.

Nós usamos esses desenhos como um auxílio visual para nos ajudar a navegar pelo braço da guitarra.

Nós aprenderemos nossas escalas e licks em conjunto com cada desenho de acorde.

Quando nós visualizamos cada acorde no braço da guitarra, nós imediatamente teremos o vocabulário para tocar em cada posição.

Essa é a beleza do sistema CAGED. No próximo capítulo, nós iremos aprender como «tirar» as escalas de cada desenho de acorde, de forma que quando você veja o desenho, você veja todos os licks que conhece.

Todos os acordes que eu mostrei acima são, por ora, acordes maiores. Nós iremos visualizá-los se estivermos tocando escalas maiores e licks:

Se estivermos solando com escalas maiores, utilizamos acordes maiores.

Se estivermos solando usando escalas menores, utilizamos acordes menores.

Se estivermos solando com escalas de sétimas dominantes, utilizamos acordes de sétimas dominantes.

Capítulo Dois - O Sistema CAGED com Escalas Pentatônicas Menores

No Capítulo Um, nós vimos como podemos usar Desenhos de Acordes *Maiores* para dividir o braço da guitarra no tom de Lá Maior (A). Nós iremos retornar a esses desenhos no Capítulo Doze, quando abordaremos a escala Pentatônica Maior.

Por ora, nós vamos focar na escala *Pentatônica Menor*, uma vez que você já deve ter alguma noção de um ou dois de seus desenhos mais comuns no braço da guitarra.

Começaremos aprendendo suas dicas visuais: os desenhos de acordes que iremos aprender a associar com cada desenho de escala. Lembre-se, nós dividimos o braço da guitarra com desenhos de acordes, e então "tiramos" mentalmente cada desenho de escala de cada um desses acordes.

Como estamos aprendendo a escala *Pentatônica Menor*, nós iremos aprender cinco desenhos de acordes *menores com 7ª* para dividir o braço. Aqui estão os seus cinco desenhos, todos em Lá Menor (Am):

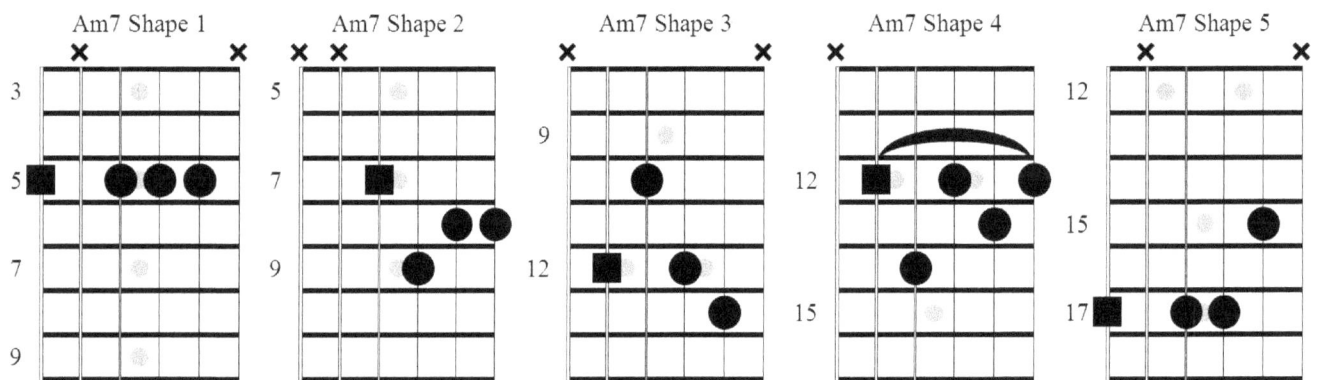

Am7 Shape 1   Am7 Shape 2   Am7 Shape 3   Am7 Shape 4   Am7 Shape 5

* O Desenho 5 é, na verdade, um acorde Am11, mas isso ajuda a esclarecer as diferenças entre os desenhos nº 1 e 5. Você também irá notar que nós paramos de chamar esses acordes de "desenho de Dó ('C')", "desenho de Lá ('A')", etc. Agora eles são apenas desenho 1, desenho 2 e por aí vai.

Exercício 1.

Memorize esses acordes.

Toque-os individualmente, observando os números das casas à esquerda. Diga "Desenho *x* de Lá Menor com Sétima", conforme você toca cada voz.

Aprenda-os subindo pelo braço da guitarra, conforme mostrado no exemplo 2a.

Am7 Shapes: 5 Inversions Low - High

Aprenda-os descendo pelo braço da guitarra, conforme mostrado no exemplo 2b.

Am7 Shapes: 5 Inversions High - Low

Toque-os em posições alternadas, como no exemplo 2c.

Am7 Shapes: 5 Inversions Alterating

Agora que você memorizou essas cinco importantes vozes de acordes, é hora de aprender as escalas Pentatônicas Menores que se encaixam ao redor de cada desenho.

Para começar, concentre-se no desenho 1. Aqui está o diagrama de acorde novamente, e próximo a ele eu mostro como a Pentatônica de Lá Menor *emerge* do desenho:

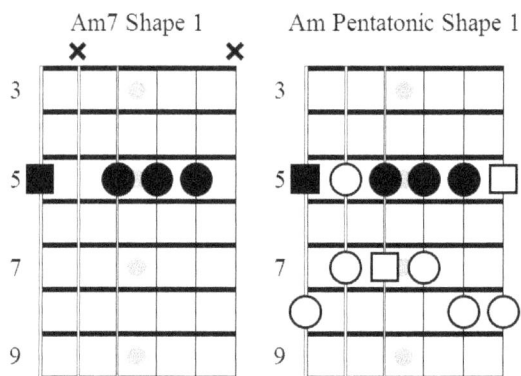

Fica claro, pelos diagramas acima, como o Desenho 1 da Pentatônica de Lá Menor se encaixa dentro e ao redor do acorde Am7.

Os pontos pretos mostram notas que estão no acorde e na escala.

Os pontos vazios mostram notas da escala.

Os pontos quadrados são as notas tônicas do acorde/escala (nesse caso, "Lá").

Exercício 2.

Para desenvolver as ligações visuais entre os desenhos do acorde e os da escala, toque o exemplo 2d:

Por mais bobo que pareça, toda vez que você tocar o acorde Am7, diga "Lá Menor com Sétima" em voz alta.

Agora, vamos examinar essa ideia com outros quatro desenhos de acordes:

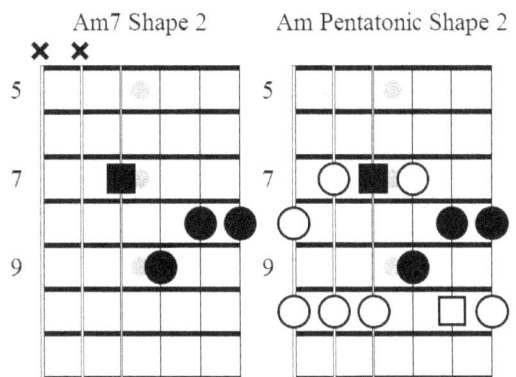

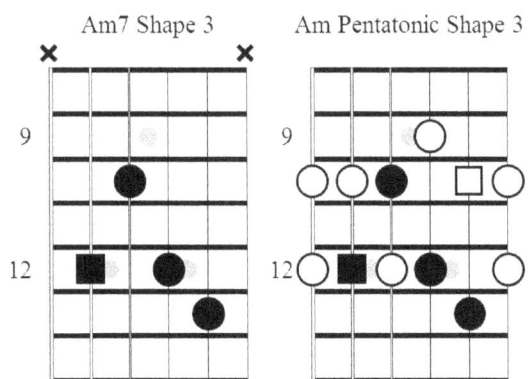

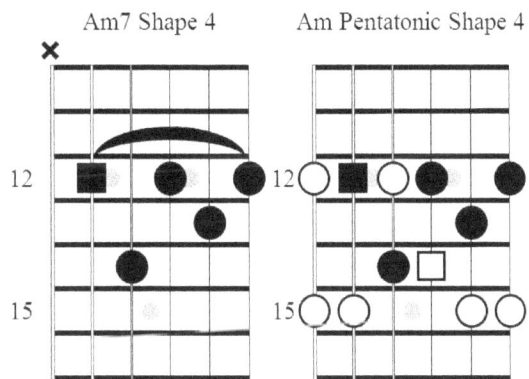

Am7 Shape 2   Am Pentatonic Shape 2

Am7 Shape 3   Am Pentatonic Shape 3

Am7 Shape 4   Am Pentatonic Shape 4

Am7 Shape 5

Am Pentatonic Shape 5

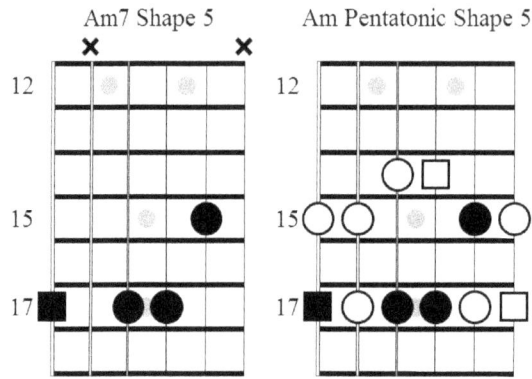

Conforme você aprende cada um dos desenhos acima, visualize mentalmente os pontos pretos no braço da sua guitarra. Sua habilidade em fazer isso irá melhorar rapidamente conforme você for praticando.

O exemplo 2e te ensina a praticar as outras posições da escala, como nós fizemos com o desenho 1.

A Minor Pentatonic

Am7 Shape 2

Am7 Shape 2

A Minor Pentatonic

Am7 Shape 3

Am7 Shape 3

A Minor Pentatonic

Am7 Shape 4

Am7 Shape 4

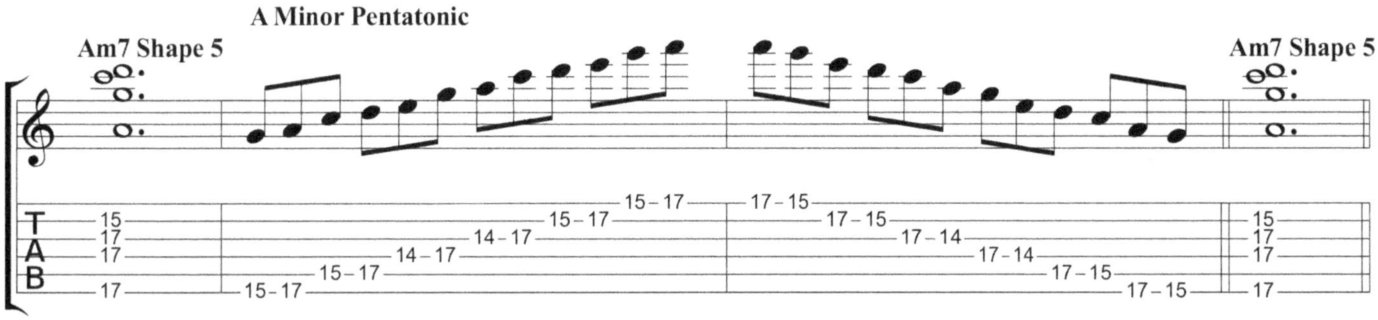

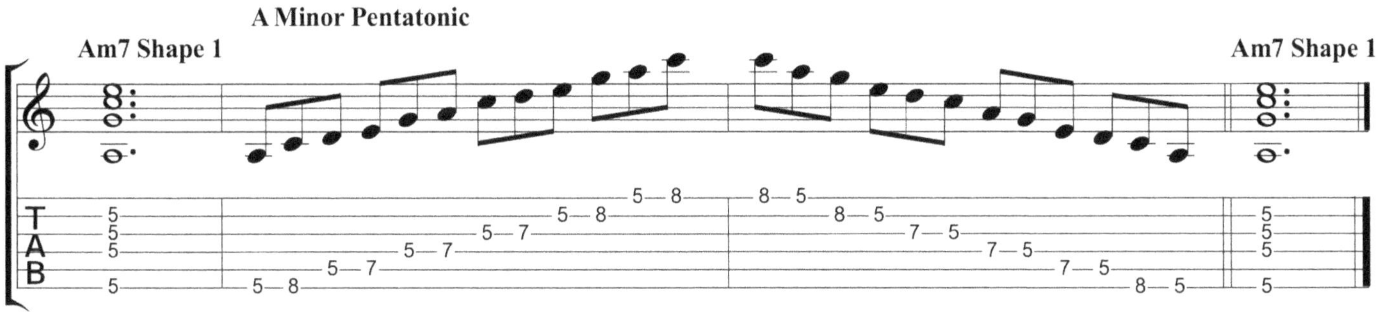

A Minor Pentatonic — Am7 Shape 5

A Minor Pentatonic — Am7 Shape 1

Veja o exemplo 2e. Note que cada vez que você toca a escala, você *começa da nota mais grave em cada posição*. Não comece apenas pela nota tônica.

A sequência é

Toque e diga o acorde.

Toque a escala subindo e descendo.

Toque e diga o acorde.

Assim que você ficar razoavelmente confiante com isso, comece a tocar cada posição *descendo e então subindo* a escala.

Eu mostro essa ideia com o Desenho 3 no exemplo 2f:

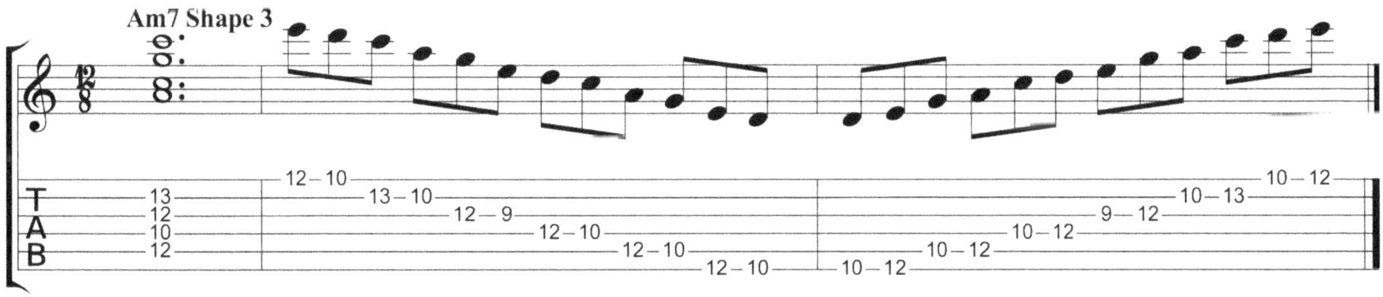

Am7 Shape 3

Repita isso por todas as cinco posições.

Assim que você estiver com isso na ponta dos dedos, tente o exemplo 2g: esse exercício *monstruoso* conecta tudo junto.

Quando você conseguir tocar o exemplo 2g, faça o exercício anterior com escalas descendentes.

A Minor Pentatonic 5 Positions

Por fim, pratique esse exercício subindo em um desenho e então descendo no próximo, como no exemplo 2h:

A Minor Pentatonic 5 Positions Ascend Then Descend

Para se certificar de que você está tocando esses exercícios corretamente, pratique-os com os exemplos de áudio correspondentes tocando ao fundo. Tente sincronizar com a guitarra gravada. Quando se sentir confiante, acelere-os com um metrônomo.

Memorizar tudo pode levar um tempo. Passe algum tempo neste capítulo, uma vez que ele lhe dá a base de tudo o que faremos no resto do livro.

No próximo capítulo nós iremos começar a desenvolver o seu vocabulário blues, ensinando-o licks e frases para cada desenho.

Capítulo Três - Licks de Pentatônica Menor em Cinco Desenhos

Tocar escalas não é tocar música. Não faz sentido aprender todas essas posições na guitarra, a menos que nós tenhamos algo para *dizer* em cada uma delas. Todos nós precisamos começar de algum ponto com o nosso vocabulário, e assim como nós aprendemos a falar copiando nossos pais, nós aprendemos a tocar copiando as pessoas que nós gostamos de ouvir.

Primeiramente, nós vamos ver cinco licks de Pentatônica para cada desenho. Conforme você for usando essas linhas, lembre-se de *visualizar* cada desenho de acordo do capítulo anterior no braço da guitarra.

Licks de blues são difíceis de ler/escrever com precisão na notação e na tablatura. Ouça e sincronize a sua execução com os exemplos de áudio para ter uma ideia do real fraseado e da nuance.

Pratique essas ideias, primeiramente, aprendendo uma ideia individual, e então a toque sobre a faixa de apoio nº 1: *Slow Blues in A Minor*. Tente aprender uma linha de cada desenho primeiro, ao invés de aprender cinco linhas em uma posição.

Vá revezando, tocando um lick em cada posição e subindo pelo braço da guitarra. Quando você conseguir fazer isso, prossiga, aprendendo uma nova linha de cada desenho e repita o exercício.

Nessa etapa, não seja muito rígido consigo em relação ao ritmo e ao fraseado. Nós estamos apenas aprendendo a mover as posições.

No Capítulo Quatro nós iremos discutir alguns métodos bem úteis para praticar essas linhas e como usá-las para você ser criativo nos seus próprios solos.

Licks do Desenho 1 de Pentatônica Menor

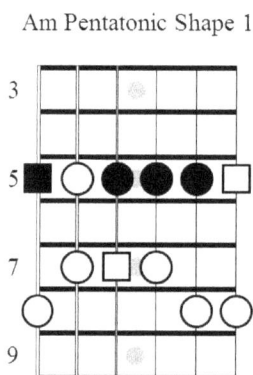

Am Pentatonic Shape 1

Aqui estão cinco linhas, construídas sobre o Desenho 1. Todas elas são tocadas nos exemplos de áudio.

Exemplo 3.1a

Exemplo 3.1b

Exemplo 3.1c

Exemplo 3.1d

Exemplo 3.1e

Licks do Desenho 2 de Pentatônica Menor

Am Pentatonic Shape 2

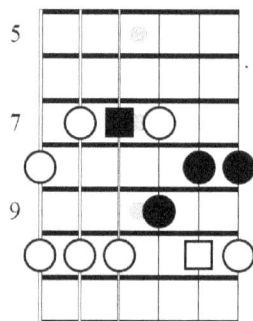

Aqui estão cinco linhas, construídas sobre o Desenho 2. Todas elas são tocadas nos exemplos de áudio.

Exemplo 3.2a

Exemplo 3.2b

Exemplo 3.2c

Exemplo 3.2d

Exemplo 3.2e

Licks do Desenho 3 de Pentatônica Menor

Am Pentatonic Shape 3

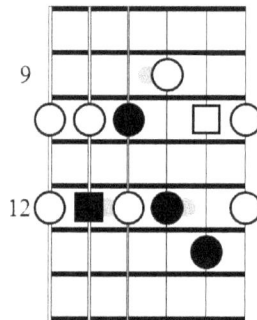

Aqui estão cinco linhas, construídas sobre o Desenho 3. Todas elas são tocadas nos exemplos de áudio.

Exemplo 3.3a

Exemplo 3.3b

Exemplo 3.3c

Exemplo 3.3d

Exemplo 3.3e

Licks do Desenho 4 de Pentatônica Menor

Am Pentatonic Shape 4

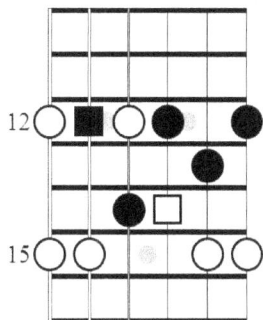

Aqui estão cinco linhas, construídas sobre o Desenho 4. Todas elas são tocadas nos exemplos de áudio.

Exemplo 3.4a

Exemplo 3.4b

Exemplo 3.4c

Exemplo 3.4d

Exemplo 3.4e

Licks do Desenho 5 de Pentatônica Menor

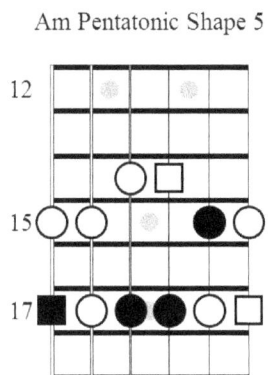

Am Pentatonic Shape 5

Aqui estão cinco linhas, construídas sobre o Desenho 5. Todas elas são tocadas nos exemplos de áudio.

Exemplo 3.5a

Exemplo 3.5b

Exemplo 3.5c

Exemplo 3.5d

Exemplo 3.5e

Aviso! - Não seja tão rígido consigo em relação a tocar esses licks perfeitamente. Blues tem tudo a ver com fraseado e improvisação. Não há um jeito *certo* de tocar quaisquer desses licks, então é melhor se concentrar em uma linha suave e natural do que perder tempo tentando fazer essas linhas soarem exatamente como as minhas. Eu te dou permissão para modificá-las o quanto você quiser!

Capítulo Quatro - Como Praticar

Agora que nós temos um vocabulário específico que explora os pontos fortes de cada desenho, nós podemos ver formas de incorporar os licks nos seus próprios solos, tornando-os seus.

Há um grande debate sobre o tema *licks* versus *improvisação espontânea*, mas eu acredito que um bom solo é a combinação de ambas as abordagens.

Quando você aprendeu a falar, você copiou aquela palavra estranha dos seus pais, lentamente a colocou em frases, e agora sequer precisa pensar para falar. Suas próprias ideias simplesmente saem conforme você deseja. Entretanto, se você não tivesse passado pela fase de "usar os 'licks' dos seus pais", você jamais teria desenvolvido a habilidade de falar qualquer coisa.

O sistema a seguir é um jeito fantástico de fazer os seus licks soarem naturalmente e também para ajudar a incorporar um novo vocabulário ao seu som, tornando-o o nosso próprio som. Ele também te ensinará a desenvolver organicamente uma ideia, de um jeito verdadeiramente musical.

No primeiro exercício eu quero que você se concentre em apenas uma linha. Vamos tentar essa, do exemplo 3.1a.

Como você pode ver, é um lick de dois compassos.

Nós vamos tocar essa ideia sobre quatro compassos. Os primeiros dois compassos serão o lick; os dois compassos seguintes serão uma frase *improvisada* de resposta. O **exemplo 4a** mostra como:

Comece ouvindo a Faixa de Apoio 1: Slow Blues in A Minor e tome cuidado para se concentrar no exercício. Não se deixe ficar viajando pelas escalas. Certifique-se de continuar tocando dois compassos do lick, e então dois compassos da sua própria frase improvisada de resposta.

Por ora, não se preocupe com a *qualidade* da linha improvisada que você tocar, mas imagine que o lick na primeira metade é uma **pergunta** e que você está tocando a **resposta**. Há um bilhão de possibilidades.

Quando estiver confortável com isso, prossiga para as suas linhas seguintes no tom de Lá (A). Tente-as com cada lick em cada uma das cinco posições. Lembre-se, é fácil perder a concentração e começar a viajar, mas continue se obrigando a retornar ao exercício.

O segundo exercício que iremos tentar é inverter o exercício **4a**. Comece com dois compassos de improvisação e tente mesclá-lo homogeneamente com o lick que você aprendeu no Capítulo Três. O exemplo 4b mostra como:

Novamente, tente isso com cada lick nas cinco posições.

Finalmente, e mais importante, veja o exemplo 4c:

Como você pode ver, nesse exemplo nós começamos com um pequeno pedaço de improvisação, combinamos com uma frase que conhecemos e então resolvemos com mais improvisação.

Assim que você tiver feito isso com todos os licks do Capítulo Três, você estará no caminho certo para tocar um convincente solo de blues.

Capítulo Cinco - Trocando os Tons, Parte 1: Cinco Tons Em Uma Posição

Agora que você é capaz de improvisar e tocar linhas usando os cinco desenhos da escala Pentatônica Menor espalhados pelo braço da guitarra, nós iremos prosseguir para um assunto extremamente importante: trocar os tons em uma posição.

Se você já teve qualquer experiência com solos de blues antes, você provavelmente já adotou esta abordagem:

Tocar no tom de Lá (A) - Usar o Desenho 1 da Pentatônica na 5ª casa.

Tocar no tom de Mi (E) - Usar o Desenho 1 da Pentatônica na 12ª casa.

Tocar no tom de Sol (G) - Usar o Desenho 1 da Pentatônica na 3ª ou 15ª casa.

Apesar de a abordagem acima ser tecnicamente correta, permitindo que você "pule" diretamente para o seu solo, você provavelmente deve ter percebido que isso, de certa forma, te limita em relação ao alcance da guitarra e aos licks que você acaba tocando.

Nós iremos aprender como usar *todos* os cinco desenhos em cinco diferentes tons, enquanto permanecemos na mesma posição (alcance de casas) na guitarra.

As cinco tonalidades diferentes que iremos usar são **Lá (A), Dó (C), Ré (D), Fá (F) e Sol (G).**

Nós iremos manter a nossa mão do braço da guitarra **apenas** no intervalo entre as 5ª e 8ª casas.

O segredo para trocar tons é saber onde estão as notas tônicas de cada acorde nas posições.

Root Notes A C D F G

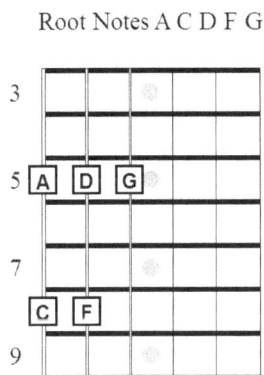

Os quadrados no diagrama acima mostram onde as *notas tônicas* de cada tonalidade estão inseridas no braço da guitarra entre as casas 5 e 8. Por exemplo: a nota Sol (G) está na 5ª casa da 4ª corda.

Agora que podemos ver onde está cada *nota tônica*, nós simplesmente sobrepomos o desenho de acorde apropriado do Capítulo Dois, como a seguir, certificando-nos que a nota tônica de cada um dos cinco desenhos de acorde se alinha com as notas tônicas mostradas acima:

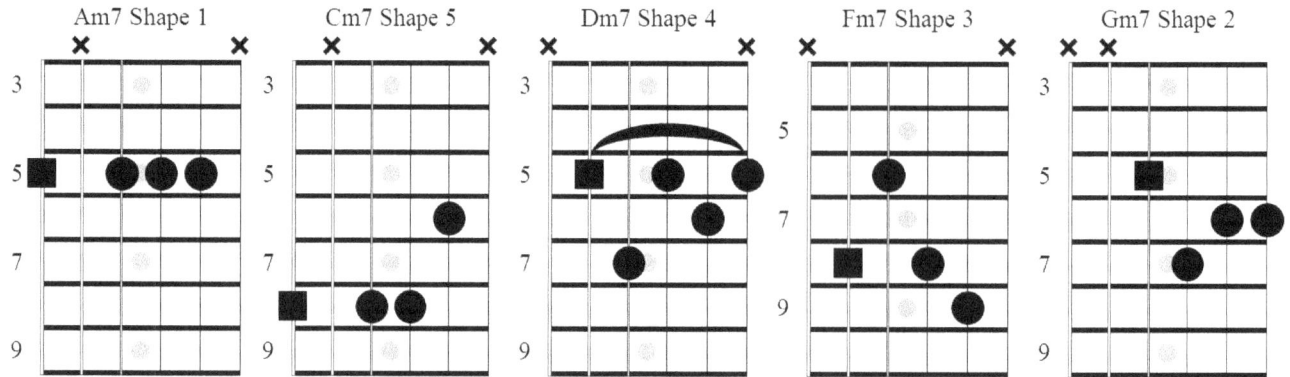

Am7 Shape 1   Cm7 Shape 5   Dm7 Shape 4   Fm7 Shape 3   Gm7 Shape 2

Você deve conseguir visualizar cada escala menor ao redor de cada acorde, desta forma:

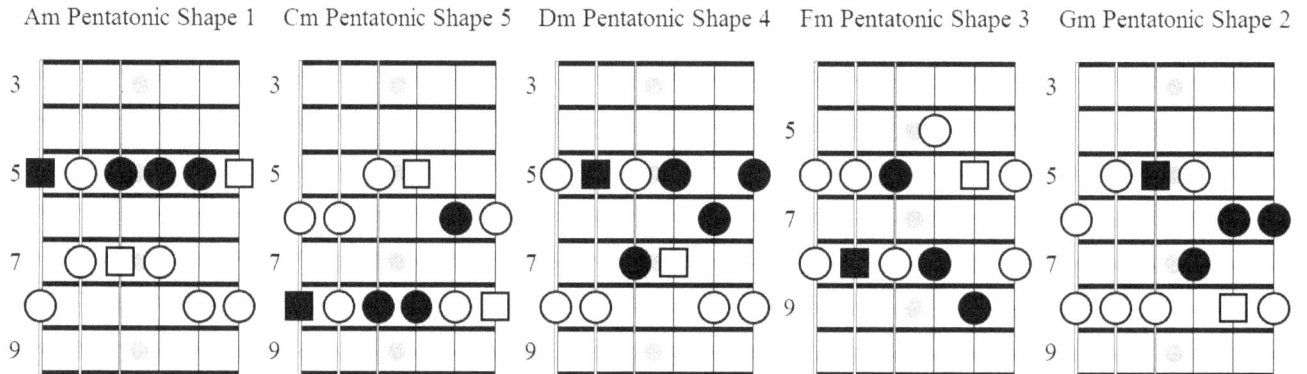

Am Pentatonic Shape 1   Cm Pentatonic Shape 5   Dm Pentatonic Shape 4   Fm Pentatonic Shape 3   Gm Pentatonic Shape 2

Aqui vai um exercício que vai te ensinar a tocar em cada tonalidade:

Assim como fizemos no Capítulo Dois, nós iremos tocar cada escala Pentatônica Menor subindo e descendo, mas dessa vez nós tocaremos em cada tonalidade por vez, mas *sem mover a posição da mão do braço da guitarra...* Primeiro no tom de Lá, depois Dó, Ré, Fá e Sol.

Tente isso, primeiro, sem uma faixa de apoio. Comece tocando o acorde Am7, então suba e desça pela escala Pentatônica Menor de Lá. A seguir, toque o acorde Cm7 e toque a escala Pentatônica Menor correspondente. Faça isso com Dm7, Fm7 e Gm7. Irá parecer com o exemplo 5a:

Am7   A Minor Pentatonic

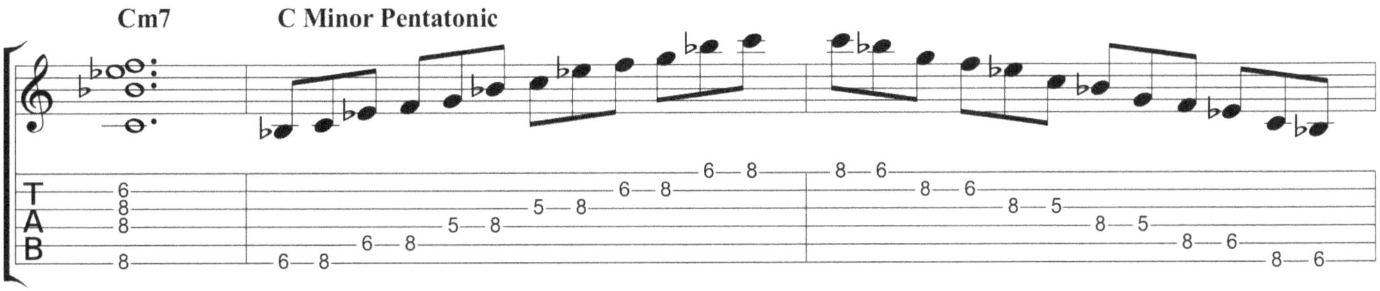
Cm7
C Minor Pentatonic

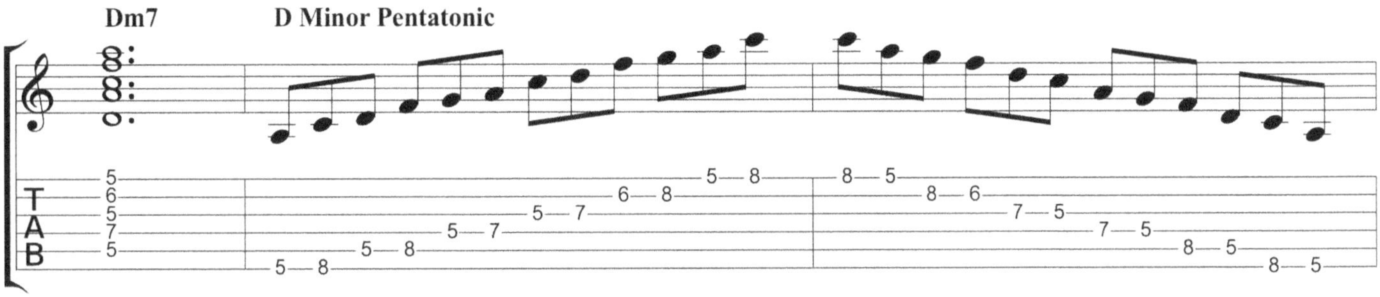
Dm7
D Minor Pentatonic

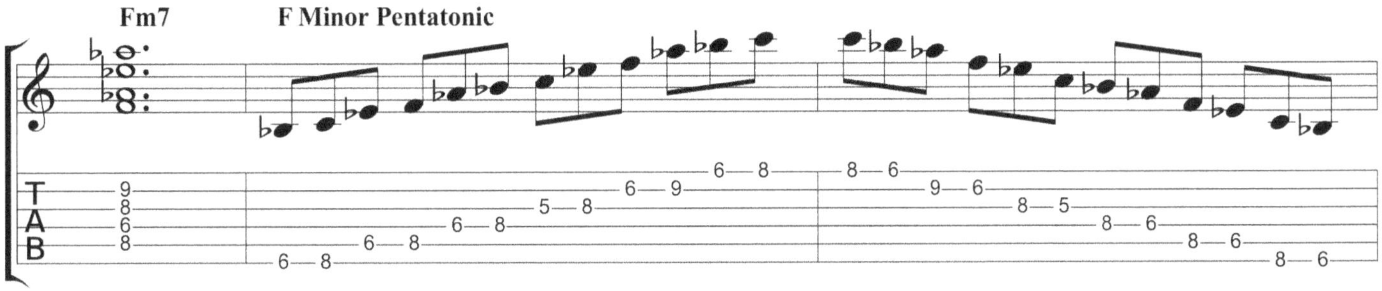
Fm7
F Minor Pentatonic

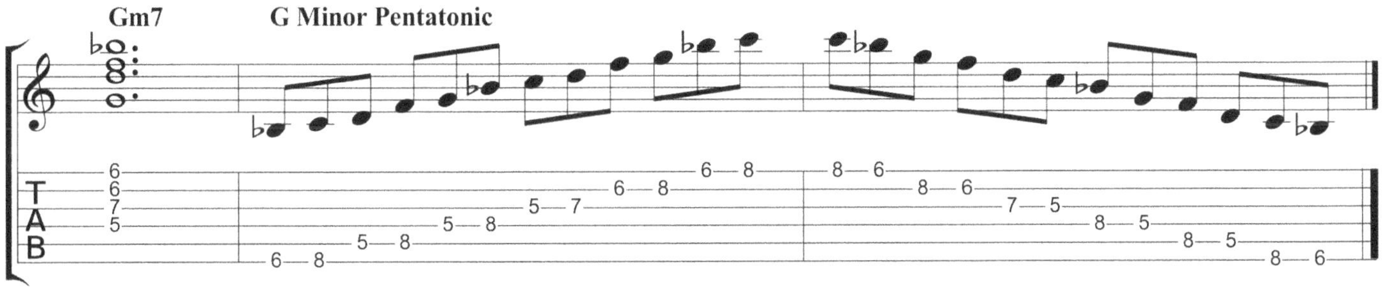
Gm7
G Minor Pentatonic

Assim que se sentir capaz, tente essa ideia *sem* começar pelo acorde, apenas visualizando as cinco diferentes tonalidades. Faça isso com a Faixa de Apoio 4, como mostrado no exemplo 5b:

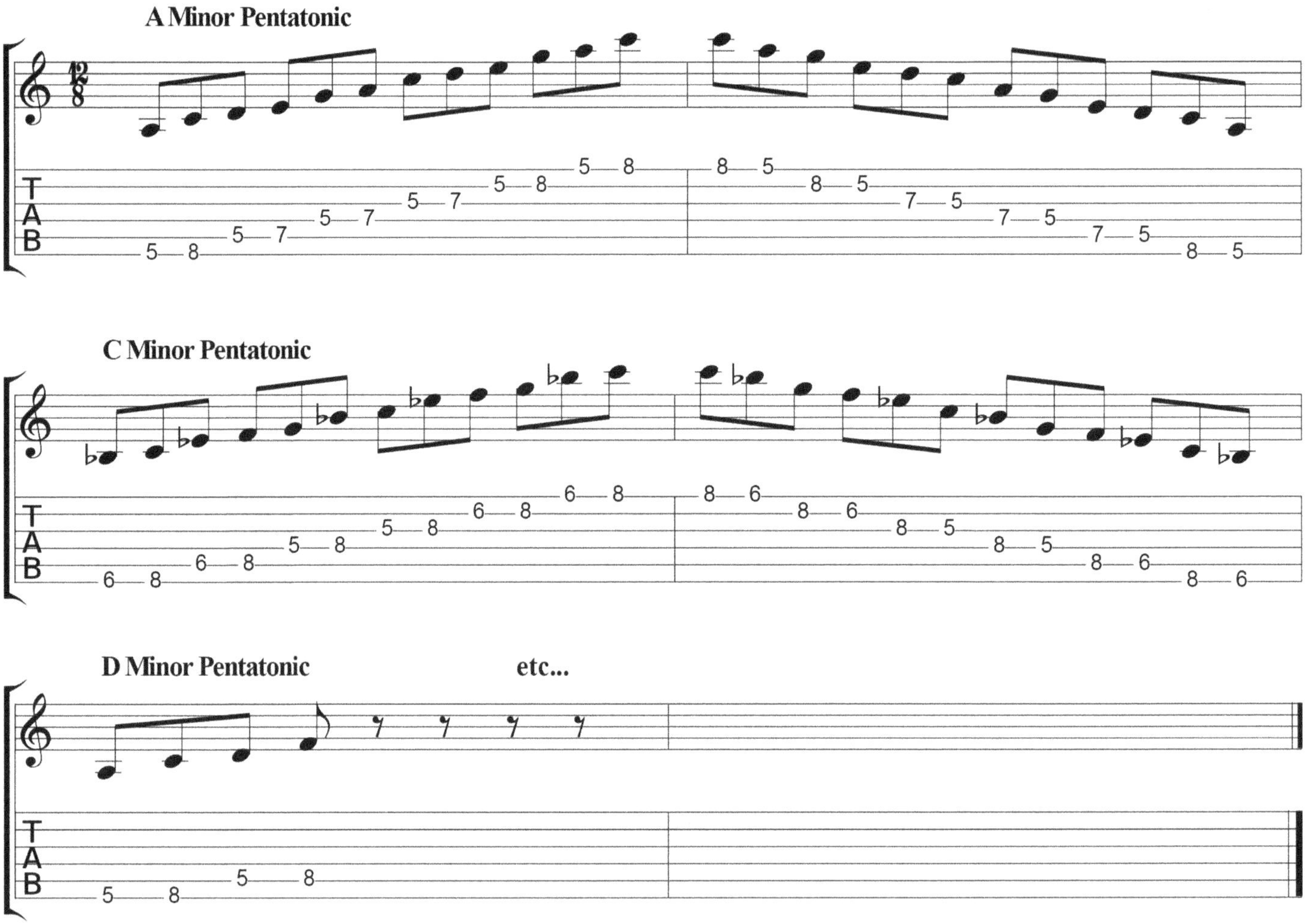

A Minor Pentatonic

C Minor Pentatonic

D Minor Pentatonic   etc...

Conforme você for ficando melhor em tocar e visualizar os desenhos ao mesmo tempo, prossiga, tocando cada desenho descendo e então subindo, como no exemplo 5c:

A Minor Pentatonic

C Minor Pentatonic   Etc....

Dessa vez, suba um desenho e desça no próximo. Observe que a ideia leva dois ciclos para se completar. Pratique essa ideia com a Faixa de Apoio 5, como mostrado no exemplo 5d:

Por fim, tente usar a Faixa de Apoio 6 (acordes de sétima dominantes, dois compassos por acorde). Ao invés de tocar escalas para cada mudança de tom, tente um pequeno lick no tom apropriado. Isso é mostrado no exemplo 5e.

A Minor Pentatonic

C Minor Pentatonic

D Minor Pentatonic

F Minor Pentatonic

G Minor Pentatonic

Capítulo Seis - Trocando os Tons, Parte 2: Outras Áreas do Braço

Agora que você fez todo o trabalho duro no Capítulo Cinco, a habilidade de tocar em qualquer área do braço da guitarra deve se tornar muito mais fácil.

Agora você entende o conceito de que você pode tirar um lick ou escala de um desenho de acorde, bastando saber onde cada nota tônica se encontra no braço da guitarra. Há cinco alcances de casas (posições) que nós podemos tocar na guitarra.

3-5

5-8

7-10

10-13

12-15

Nós discutimos o 5-8 amplamente no capítulo anterior, então vamos estender essa ideia para o restante do braço. Aqui estão as localizações das notas tônicas Lá (A), Dó (C), Ré (D), Fá (F) e Sol (G) em todas as posições:

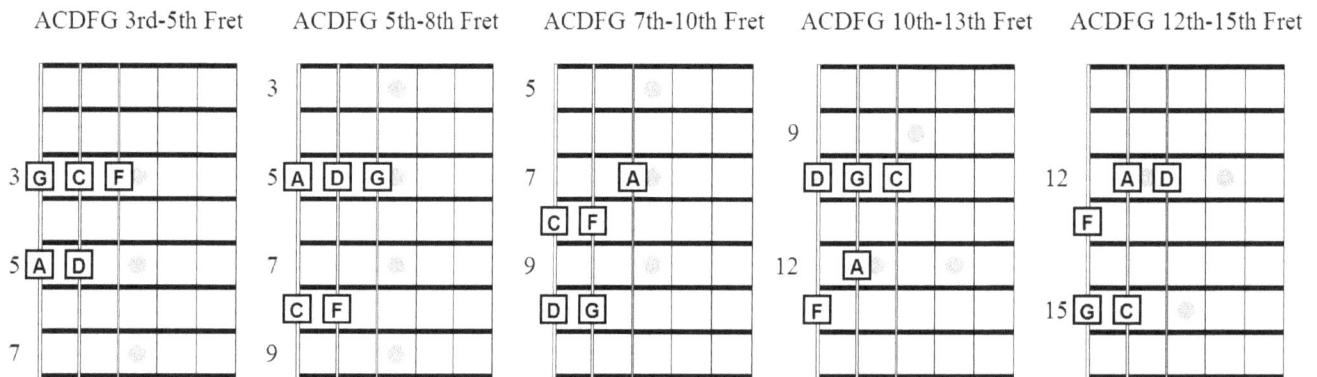

ACDFG 3rd-5th Fret   ACDFG 5th-8th Fret   ACDFG 7th-10th Fret   ACDFG 10th-13th Fret   ACDFG 12th-15th Fret

Então, se você estivesse tocando ao redor das **casas 3-5** no **tom de Dó (C)**, você usaria os licks do **desenho 4**, porque sua nota tônica se alinha melhor com o Dó na 3ª casa da 5ª corda.

Se você estivesse tocando no alcance das casas **12-15** no **tom de Ré (D)**, você usaria os licks do **desenho 2**, porque o desenho 2 é o melhor "encaixe" para cobrir a nota tônica na 12ª casa da 4ª corda.

O **tom de Fá (F)** nas **casas 10-13** seria coberto por todos os seus licks de blues do **desenho 5**.

O mais importante é aprender as cinco notas *tônicas* em cada posição. Assim você será facilmente capaz de enxergar os desenhos de acorde mais apropriados para visualizar enquanto você sola.

Agora que você pode ver as cinco notas tônicas em cada posição da guitarra, volte para o Capítulo Cinco e toque todos aqueles exercícios em cada posição nova, mas ainda passando pelas tonalidades de Lá (A), Dó (C), Ré (D), Fá (F) e Sol (G).

Suba e desça cada tom/desenho por vez. (Faixa de Apoio 4)

Desça e suba cada tom/desenho por vez. (Faixa de Apoio 4)

Suba em um tom, desça no próximo tom. (Faixa de Apoio 5).

Desça em um tom, suba no próximo tom. (Faixa de Apoio 5)

Use a Faixa de Apoio 6 com dois compassos por acorde e toque um lick para cada tonalidade.

Faça os cinco exercícios acima em TODAS as cinco posições. Se você ainda não conseguir visualizar bem as notas tônicas no braço da guitarra, use os diagramas da página anterior como auxílio. Eu incluí no exemplo 6a um jeito de como subir e descer em cada tom/desenho nas casas 10-13, para você começar.

A Minor Pentatonic

C Minor Pentatonic

D Minor Pentatonic

F Minor Pentatonic

G Minor Pentatonic

Capítulo Sete - A Escala Blues

A escala blues tem uma relação muito forte com a escala Pentatônica Menor; na verdade, elas são exatamente a mesma coisa, com exceção do acréscimo de uma única nota. Essa nota, entretanto, é praticamente a definição de um solo blues.

Eu iria ainda mais longe e dizer que eu nunca ouvi um solo de blues que não contenha essa nota extra em algum momento.

Esse não é um livro sobre teoria musical, então se você entender que nós estamos adicionando uma b5 (uma quinta bemol) na escala Pentatônica Menor, ótimo; se você não entender, então tudo que você precisa saber é como tocar esses sons maravilhosos.

Vamos comparar as notas da Pentatônica Menor de Lá com as notas da Escala Blues de Lá:

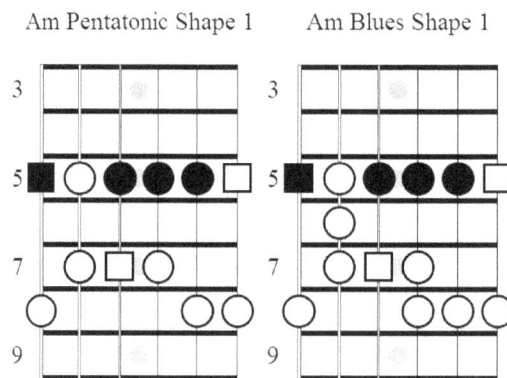

Am Pentatonic Shape 1   Am Blues Shape 1

A nota suplementar na oitava menor é encontrada na 5ª corda; na oitava maior, na 3ª corda.

Enquanto ela pode parecer um pequeno acréscimo, essa é uma das ideias mais poderosas que nós podemos usar em um solo de blues.

Como você já teve muito trabalho nos Capítulos Três a Seis, estudando como usar cada desenho de escala em qualquer tom, felizmente nós não precisamos fazer tudo isso de novo. Dessa vez eu apenas quero que você aprenda onde os acréscimos da nota blues estão em cada um dos cinco desenhos. Aqui está como os outros quatro desenhos mudam:

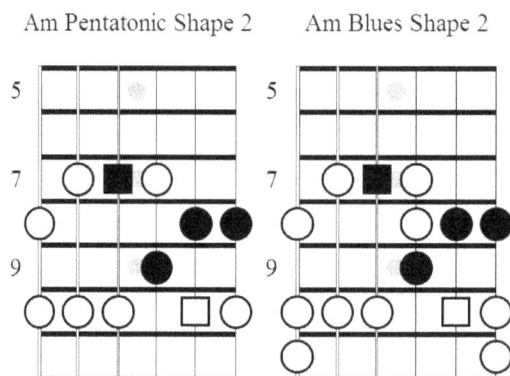

Am Pentatonic Shape 2   Am Blues Shape 2

Am Pentatonic Shape 3   Am Blues Shape 3

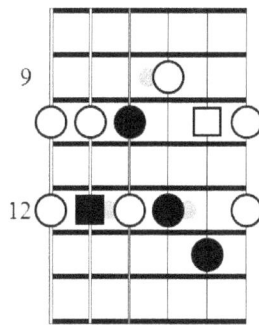

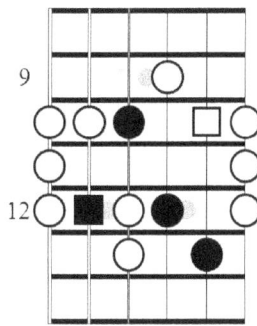

Am Pentatonic Shape 4   Am Blues Shape 4

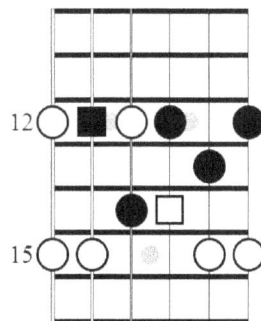

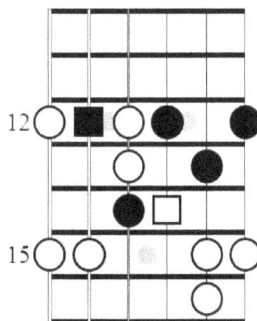

Am Pentatonic Shape 5   Am Blues Shape 5

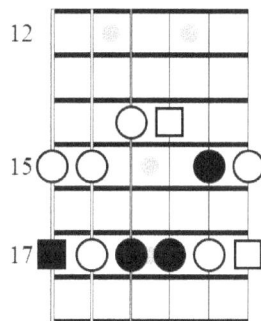

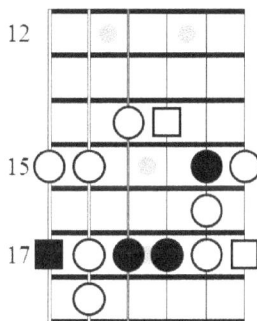

Quando você estiver familiarizado com as variações da nota blues, comece a examinar os licks para cada desenho abaixo. Mais uma vez, há cinco licks para cada desenho. Observe como cada lick utiliza e resolve a nota 'b5' extra.

Licks do Desenho 1 da Escala Blues

Am Blues Shape 1

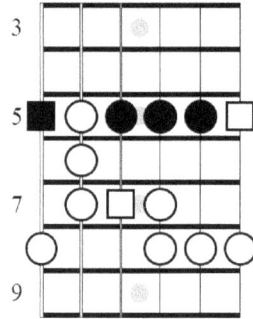

Exemplo 7.1a

Exemplo 7.1b

Exemplo 7.1c

Exemplo 7.1d

Exemplo 7.1e

Licks do Desenho 2 da Escala Blues

Am Blues Shape 2

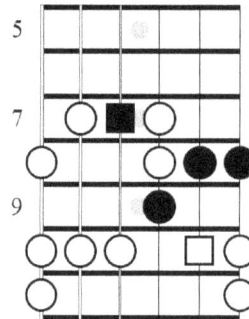

Exemplo 7.2a

Exemplo 7.2b

Exemplo 7.2c

Exemplo 7.2d

Exemplo 7.2e

Licks do Desenho 3 da Escala Blues

Am Blues Shape 3

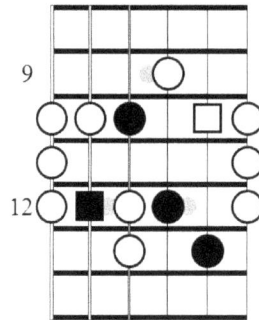

Exemplo 7.3a

Exemplo 7.3b

Exemplo 7.3c

Exemplo 7.3d

Exemplo 7.3e

Licks do Desenho 4 da Escala Blues

Am Blues Shape 4

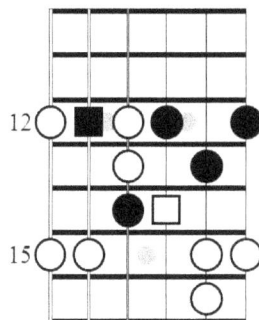

Exemplo 7.4a

Exemplo 7.4b

Exemplo 7.4c

Exemplo 7.4d

Exemplo 7.4e

Licks do Desenho 5 da Escala Blues

Am Blues Shape 5

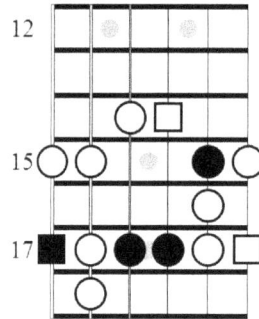

Exemplo 7.5a

Exemplo 7.5b

Exemplo 7.5c

Exemplo 7.5d

Exemplo 7.5e

Capítulo Oito - O Blues em Cinco Tons Diferentes

Os 25 licks acima são um ótimo ponto de partida para as suas próprias improvisações; entretanto, para realmente *internalizá-los*, é importante que você os aprenda ao redor de cada desenho de acorde, como foi debatido nos capítulos anteriores. Isso significa que você deve visualizar cada lick tocado em relação ao acorde menor com sétima (m7) que você visualizou ao aprender a escala blues.

Já que você tem o exercício ACDFG dos Capítulos Cinco e Seis fresco na mente, nós iremos usar novamente esse conceito para te ajudar a aprender os seus licks de blues em tons e posições diferentes.

O exercício a seguir (que é semelhante ao do Capítulo Cinco) realmente irá te ajudar a fazer conexões visuais fortes entre os desenhos de acordes e a primeira nota de cada linha que você tocar.

Nós iremos usar o exercício de tocar por todas as cinco diferentes tonalidades em cinco diferentes posições; mas ao invés de tocar simples escalas ascendentes, iremos usar um lick de blues de cada um dos cinco desenhos.

Nós temos dois compassos em cada tonalidade, Lá (A), Dó (C), Ré (D), Fá (F) e Sol (G). O seu trabalho é, novamente, permanecer em uma única posição (por exemplo, as casas 5-8), e tocar um lick de blues para cada tom. Abaixo, eu escolhi uma linha de cada desenho que eu acredito ser particularmente adequada para esse exercício. *Entretanto*, ao contrário do Capítulo Cinco, onde eu troquei o tom de cada linha *para* você, dessa vez todas as linhas estão escritas no tom de Lá, e você precisa transpô-las (trocar o tom) sozinho.

Primeiro, certifique-se de estar familiarizado com essas cinco linhas no tom de Lá.

Am Blues Shape 1

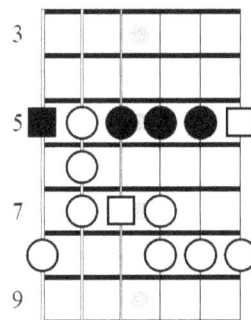

Am Blues Shape 2

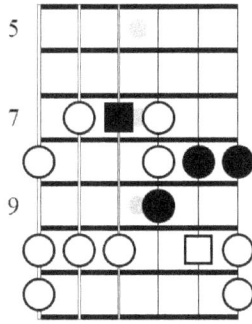

Am Blues Shape 3

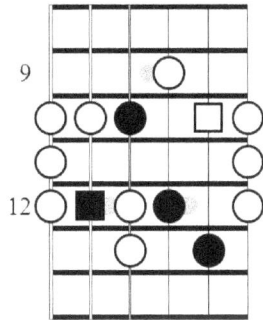

Am Blues Shape 4

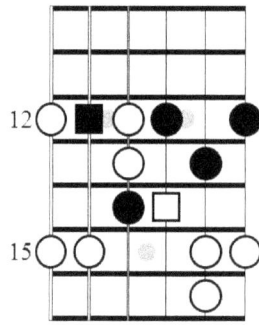

Am Blues Shape 5

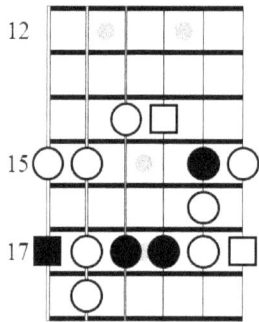

Agora, a ideia crucial para esse exercício é, primeiro, visualizar (e tocar) o acorde associado com cada desenho e então compará-lo com a *primeira* nota do lick associado ao desenho.

Por exemplo, no lick do desenho 5 acima deste parágrafo:

Toque o acorde cheio. Mantenha-o pressionado.

Observe onde a primeira nota do lick está localizada em relação ao acorde. (Nesse caso é na segunda corda, duas casas acima da nota do acorde.)

Entenda que quando você estiver tocando no desenho 5, o começo do lick sempre estará exatamente no mesmo lugar em relação ao acorde, seja qual for o tom em que você estiver.

Tente mover o acorde do exemplo anterior para a 8ª casa. Agora você está tocando um acorde de Dó Menor, e o lick começará na 8ª casa.

Tente essa ideia com todos os cinco licks deste capítulo. Pratique movê-los para diferentes tons, e quando estiver pronto, coloque a Faixa de Apoio 6 para que você possa praticar sobre a sequência A, C, D, F, G, com cada acorde durando dois compassos. Conforme o acorde mudar, toque um novo lick no tom correto e na **mesma posição**. Essa é exatamente a mesma ideia do exemplo 5d do Capítulo Cinco.

Pratique esse exercício em todas as cinco posições no braço da guitarra.

Capítulo Nove - O Modo Mixolídio

O modo Mixolídio é uma sonoridade extremamente importante no blues (e também na guitarra rock). Ele é raramente utilizado sozinho; entretanto, quando combinado com a escala blues, ele dá aquela sonoridade ausente que os seus ouvidos podem estar procurando.

Muitos guitarristas usam ou sugerem o modo Mixolídio quando solam em um estilo blues ou rock, mas quando usado com moderação, lembra muito guitarristas como Stevie Ray Vaughan, Jimi Hendrix e Joe Satriani, dentre vários outros.

Nós, novamente, iremos adotar uma abordagem de cinco posições para aprender essa escala e o seu vocabulário. Primeiro, vamos aprender as cinco posições do acorde apropriado a ser visualizado quando aprendermos a escala: o acorde de sétima dominante.

A maioria dos blues é tocada sobre um acorde de 7ª dominante (ou "7"). Você os verá escritos como "A7", ou "E7", etc. O modo Mixolídio é a escala que representa o som desse acorde de 7ª dominante com mais precisão.

Aqui estão os cinco desenhos do acorde A7 *'Mixolídio'*:

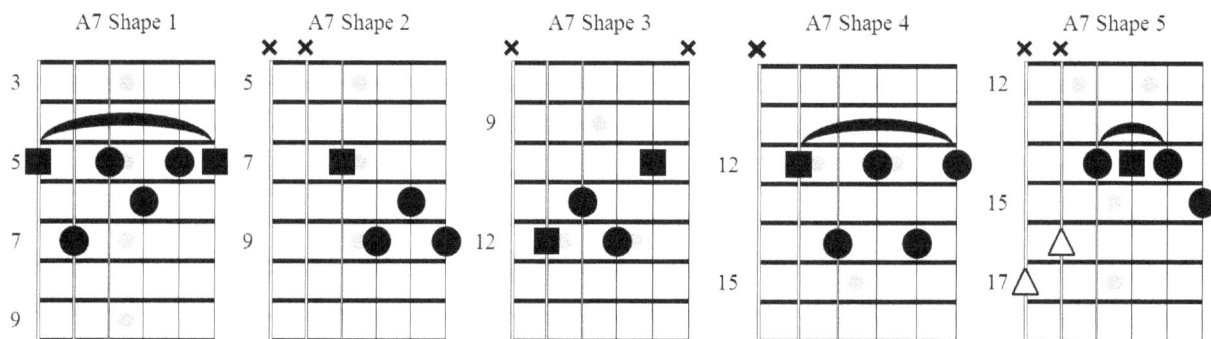

Importante: não toque as duas notas mais graves do desenho nº 5 (as que estão nas cordas 6 e 5). Apenas visualize-as enquanto você toca as quatro cordas de cima na pestana.

Aprenda-os como você fez no Capítulo Um:

Primeiro, memorize todos os acordes.

Toque-os individualmente, tomando cuidado com os números das casas à esquerda. Diga "Desenho x de Lá com Sétima" em voz alta conforme você toca cada um.

Aprenda-os subindo pelo braço da guitarra, como mostrado no exemplo 9a.

A7 Shapes: 5 Inversions Low - High

```
T|--5-----------|--9-----------|------10------|--12----------|--15----------|
A|--5-----------|--8-----------|--12----------|--14----------|--14----------|
 |--6-----------|--9-----------|--11----------|--14----------|--14----------|
B|--7-----------|--7-----------|--12----------|--14----------|--14----------|
 |--5-----------|--------------|--12----------|--12----------|--------------|
```

Aprenda-os descendo pelo braço da guitarra, como mostrado no exemplo 9b.

A7 Shapes: 5 Inversions High - Low

```
T|--15----------|--12----------|------10------|--9-----------|--5-----------|
A|--14----------|--14----------|--12----------|--8-----------|--5-----------|
 |--14----------|--12----------|--11----------|--9-----------|--6-----------|
B|--14----------|--14----------|--12----------|--7-----------|--5-----------|
 |--------------|--12----------|--12----------|--------------|--7-----------|
 |--------------|--------------|--------------|--------------|--5-----------|
```

Toque-os em posições alternadas, como no exemplo 9c.

A7 Shapes: 5 Inversions Alterating

```
T|--5-----------|------10------|--9-----------|--12----------|------10------|--15----------|
A|--5-----------|--12----------|--8-----------|--14----------|--12----------|--14----------|
 |--6-----------|--11----------|--9-----------|--14----------|--11----------|--14----------|
B|--7-----------|--12----------|--7-----------|--14----------|--12----------|--14----------|
 |--5-----------|--------------|--------------|--12----------|--------------|--------------|
```

Assim que você souber os desenhos *de cor*, aprenda o desenho de escala para a posição um. Nós iremos usá-lo como modelo para examinar como o modo Mixolídio é usado e para mostrar como ele é combinado com a escala Blues/Pentatônica.

A7 Shape 1   A Mixolydian Shape 1

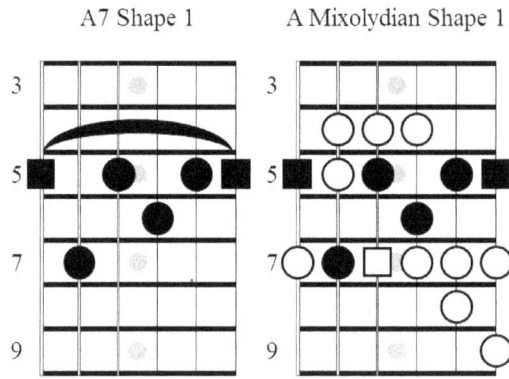

Quando você estiver com o Lá Mixolídio na ponta dos dedos, eu quero que você o compare com a escala Pentatônica Menor de Lá. Tente observar onde estão as diferenças, estudando os diagramas abaixo e tocando as duas escalas na sua guitarra.

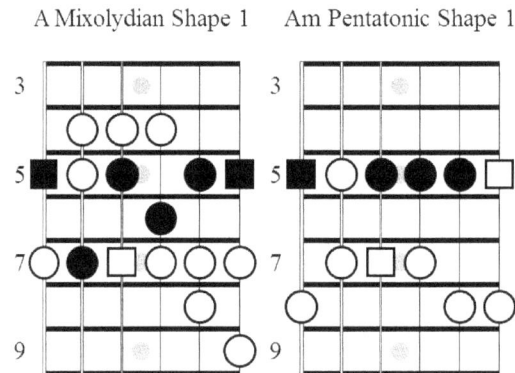

A Mixolydian Shape 1   Am Pentatonic Shape 1

A diferença mais importante está localizada na 3ª corda. No modo Mixolídio nós tocamos a 6ª casa (C#) e na escala Pentatônica Menor nós tocamos as casas 5 e 7 (C e D). Essa é a diferença que nós geralmente procuramos para acentuar o nosso som de blues e, de fato, essa é a nota que soa tão bem quando combinamos as duas escalas.

Na escala Pentatônica Menor de Lá, a nota Dó (C) é a nota *menor*. Ela está no desenho de acorde menor que nós associamos com a escala no Capítulo Dois.

Em Lá Mixolídio, a nota Dó sustenido (C#) é a nota *maior*. Ela está no acorde A7 que nós associamos com a escala. A *maioria* dos blues é tocada sobre acordes de sétima dominantes ("7"), e quando nós usamos a escala Pentatônica Menor nós frequentemente arrastamos esse C em direção ao C# *maior* com um bend. Veja este lick do Capítulo Três:

Veja a primeira nota do segundo compasso. Esse é um exemplo claro da nota menor C sendo ligeiramente puxada em direção ao C# com um pequeno bend.

Outro modo de usar essa ideia está no exemplo 9d, a seguir:

A linha acima começa e termina com ideias comuns de Pentatônica, mas sugere um Mixolídio com o C# no tempo 2+.

Essa é, de longe, a aplicação mais importante do modo Mixolídio. Quando você entender isso, você será capaz de aplicá-lo em todos os cinco desenhos para um som instantâneo de blues sobre um acorde de 7ª dominante.

A "Terça Maior" não é a única aplicação útil do modo Mixolídio. Nós também acrescentamos ricas e "coloridas" notas à Pentatônica original de Lá Menor, na 9ª (B) e 13ª (F#) casas. Nós utilizamos essas notas para dar profundidade às nossas linhas de blues, que você verá no Capítulo Onze.

Música é orgânica; nunca haverá uma linha reta entre tocar tal escala sobre tal acorde. No Capítulo Onze eu lhe darei 25 licks de blues Mixolídio, cinco para cada desenho, mas é importante que você esteja ciente de que, nesse estilo, as linhas são geralmente baseadas em uma escala blues/Pentatônica, com o acréscimo de algumas das notas "coloridas" do modo Mixolídio. Se você tocar diretamente uma escala Mixolídia sobre um blues, você irá soar frio e inapropriado.

Capítulo Dez - O Sistema CAGED com o Modo Mixolídio

Agora que nós entendemos como o modo Mixolídio funciona no blues, nós iremos aprender como tocar a escala em cinco desenhos diferentes, e então abordá-la com o método ACDFG do Capítulo Dois. Isso irá lhe dar a liberdade para enxergar e tocar a escala e o vocabulário a ela associado, onde quer que você esteja no braço da guitarra.

Primeiro, aqui vão os cinco desenhos de escala no tom de Lá. Lembre-se de aprendê-los enquanto visualiza o respectivo acorde de 7ª dominante.

Vamos recapitular o método para aprender essas escalas no tom de Lá:

Para desenvolver as conexões visuais entre os desenhos do acorde e da escala, primeiro toque a escala na posição 1; exemplo 10a:

Toda vez que você tocar o acorde A7, diga "Lá com Sétima" em voz alta.

Vamos agora examinar essa ideia com outros quatro desenhos de acordes:

A7 Shape 2 · A Mixolydian Shape 2

A7 Shape 3 · A Mixolydian Shape 3

A7 Shape 4 · A Mixolydian Shape 4

A7 Shape 5 · A Mixolydian Shape 5

Conforme você aprende cada desenho acima, visualize mentalmente os pontos pretos no braço da sua guitarra. Sua habilidade em fazê-lo irá melhorar rapidamente com a prática.

O exemplo 10b te ensina a praticar as outras posições da escala, assim como fizemos no desenho 1.

Observe que cada vez que você toca a escala, você *começa da nota mais grave em cada posição*. Não comece apenas da nota tônica.

A sequência é

Toque e diga o acorde.

Toque a escala subindo e descendo.

Toque e diga o acorde.

A7 Shape 1

```
T|----------------------------------------------------5----7---|
A|------------------------------4----6----7----5----7----8-----|
B|----5----7----4----5----7----4----6----7---------------------|
 |-5----7----4----5----7--------------------------------------|
 5
 5
 6
 5
 7
 5
```

A7 Shape 1

```
T|--9----7----5-----------------------------------------------|
A|--------8----7----5-----------------------------------------|
B|------------------7----6----4-------------------------------|
 |---------------------------7----5----4----7----5----4-------|
                                          7----5------
 5
 5
 6
 5
 7
 5
```

A7 Shape 2

```
T|----------------------------------------------7----8----10----7----9--|
A|------------------------------6----7----9-----------------------------|
B|----------------7----9----10----7----9-------------------------------|
 |-7----9----10----7----9----10---------------------------------------|
 9
 8
 9
 7
```

A7 Shape 3

A7 Shape 3

A7 Shape 4

A7 Shape 4

A7 Shape 5

A7 Shape 5

Assim que você ficar razoavelmente confiante com isso, comece a tocar cada posição descendo e então subindo a escala.

Eu mostro essa ideia com o Desenho 3 no exemplo 10c:

A Mixolydian Shape 3 Descending Then Ascending

Repita isso por todas as cinco posições.

Assim que você estiver com isso na ponta dos dedos, tente o exemplo 10d: esse exercício *monstruoso* conecta tudo junto:

A Mixolydian Shape 1

```
T|----------------------------------5--7----9--7--5-----------------------------------|
A|----------------------4--6--7--5--7--8------------8--7--5-----------7--5--4----------|
B|--------4--5--7--4--5--7--------------------------------7--6--4------------7--5--4---|
 |--5--7--4--5--7------------------------------------------------------------------7--|
```

A Mixolydian Shape 2

```
T|--------------------------------------7--9----10--9--7-------------------------------|
A|--------------------6--7--9--7--8--10----------------10--8--7------------9--7--6------|
B|-------7--9--10--7--9--10--------------------------------------9--7--6----------10--9--7--|
 |--7--9--10--------------------------------------------------------------------10--9--|
```

A Mixolydian Shape 3

```
T|----------------------------------------9--10----12-10-9-----------------------------|
A|----------------------9--11--12--9--11--12----------------12-10------------12-11-9----|
B|-------9--10--12--9--10--12--------------------------------------12-11-9----------12-10-9--|
 |--9--10--12--------------------------------------------------------------------12-10--|
```

A Mixolydian Shape 4

```
T|----------------------------------------12-14----15-14-12-----------------------------|
A|----------------------11--12--14--12-14--15--------------15-14-12----------14-12-11----|
B|-------12-14--11--12--14--------------------------------------------14-12-11----------14-12--|
 |--12-14-15--------------------------------------------------------------------15-14--|
```

A Mixolydian Shape 5

```
T|----------------------------------------14-15----17-15-14-----------------------------|
A|----------------------12-14-16--14-15-17----------------17-15-14----------16-14--------|
B|-------14-16--14-16-17--------------------------------------------17-16-14----------17-16-14--|
 |--14-15-17------------------------------------------------------------------17-15----14--|
```

Faça o exercício anterior com escalas descendentes.

Por fim, pratique esse exercício subindo um desenho e então descendo no próximo, como no exemplo 10e:

A Mixolydian Shape 1   **A Mixolydian Shape 2**

A Mixolydian Shape 3   **A Mixolydian Shape 4**

A Mixolydian Shape 5   etc.....

Mais uma vez: leve tanto tempo quanto necessário. Um pensamento reconfortante é que você só precisa aprender esses desenhos uma vez. Nós usamos exatamente os mesmos desenhos de escala, quer estejamos tocando um modo Mixolídio, um modo Dórico ou uma escala Maior. Concentrar-se no trabalho aqui irá trazer grandes benefícios para o resto da sua vida musical.

Capítulo Onze - Licks Mixolídios em Cinco Desenhos

A Mixolydian Shape 1   Am Blues Shape 1

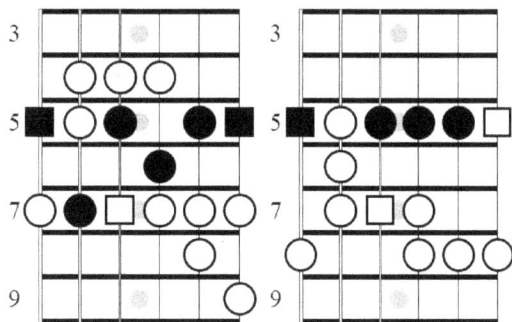

Exemplo 11.1a

Exemplo 11.1b

Exemplo 11.1c

Exemplo 11.1d

Exemplo 11.1e

Licks do Desenho 2 de Mixolídio / Blues

A Mixolydian Shape 2   Am Blues Shape 2

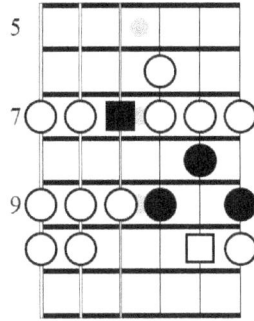

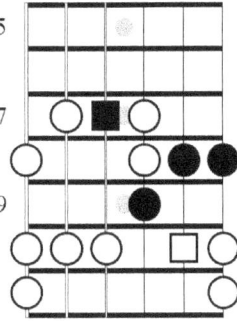

Exemplo 11.2a

Exemplo 11.2b

Exemplo 11.2c

Exemplo 11.2d

Exemplo 11.2e

Licks do Desenho 3 de Mixolídio / Blues

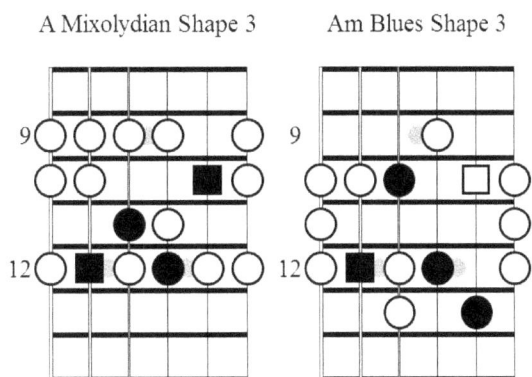

A Mixolydian Shape 3   Am Blues Shape 3

Exemplo 11.3a

Exemplo 11.3b

Exemplo 11.3c

Exemplo 11.3d

Exemplo 11.3e

Licks do Desenho 4 de Mixolídio / Blues

A Mixolydian Shape 4   Am Blues Shape 4

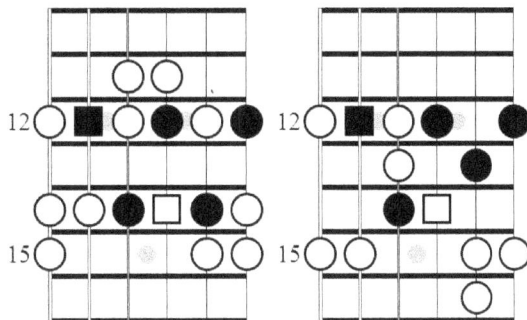

Exemplo 11.4a

Exemplo 11.4b

Exemplo 11.4c

Exemplo 11.4d

Exemplo 11.4e

Licks do Desenho 5 de Mixolídio / Blues

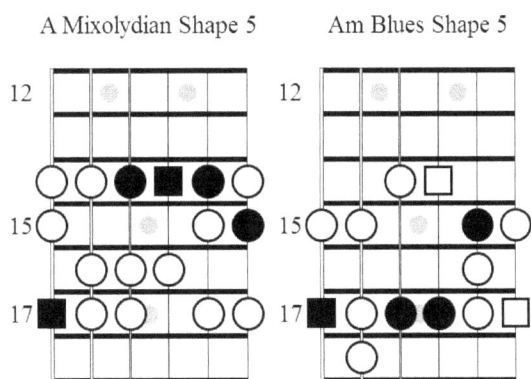

A Mixolydian Shape 5   Am Blues Shape 5

Exemplo 11.5a

Exemplo 11.5b

Exemplo 11.5c

Exemplo 11.5d

Exemplo 11.5e

Pratique e memorize essas linhas do mesmo jeito do Capítulo Quatro.

Capítulo Doze - ACDFG com o Modo Mixolídio

Antes de você começar este capítulo, retorne e recapitule as ideias dos Capítulos Cinco e Seis. Você aprenderá a fazer exatamente a mesma coisa, mas agora com o modo Mixolídio.

Primeiro vamos dar uma olhada no braço da guitarra ao redor da 5ª e 8ª casas:

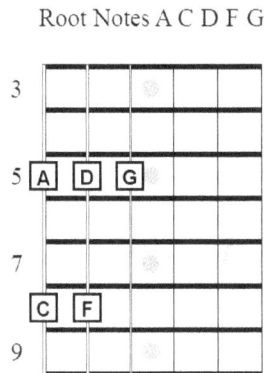

Root Notes A C D F G

Agora nós podemos alinhar os nossos desenhos de acordes Mixolídios em cada nota tônica nessa área:

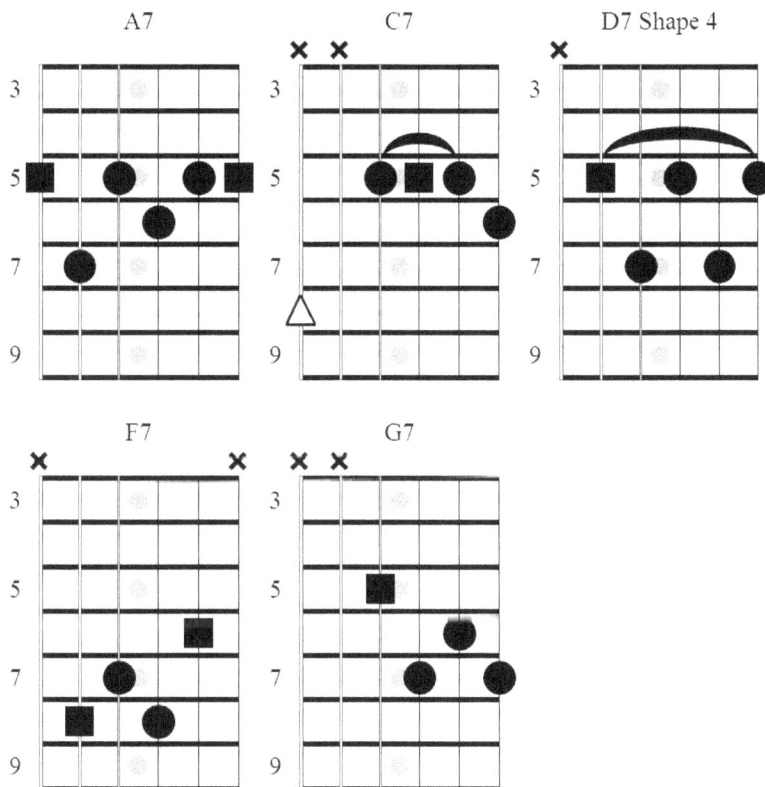

A7   C7   D7 Shape 4

F7   G7

Agora nós simplesmente extraímos os desenhos de escala de cada acorde:

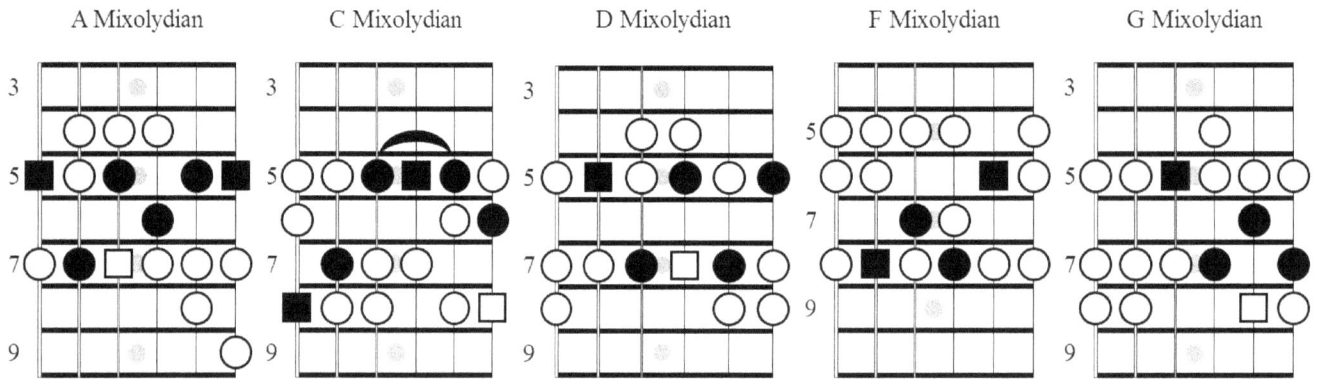

A Mixolydian   C Mixolydian   D Mixolydian   F Mixolydian   G Mixolydian

Nós vamos tocar cada desenho de Mixolídio subindo e descendo, mas, dessa vez, nós tocamos em cada tonalidade por vez *sem mover a posição da nossa mão no braço da guitarra...* Primeiro no tom de Lá (A), e então Dó (C), Ré (D), Fá (F) e Sol (G).

Primeiro, tente isso sem uma faixa de apoio. Comece tocando o acorde A7, então suba e desça pela escala de Lá Mixolídio. Em seguida, toque C7 e a escala Mixolídia correspondente. Faça isso com D7, F7 e G7, sucessivamente. Parecerá com o exemplo 12a:

A Mixolydian Shape 1

```
          5                      5-7    9-7-5                       5
          5              5-7-8                  8-7-5               5
          6         4-6-7                            7-6-4         6
          5     4-5-7                                     7-5-4    5
          7  5-7                                               7-5-4   7
          5  5-7                                                   7   5
```

C Mixolydian Shape 5

```
          6                      5-6    8-6-5                       6
          5              5-6-8                 8-6-5                5
          5         5-7-8                           7-5            5
             5-7               5-7                      8-7-5
          5-6-8                                              8-7-5
                                                                8-6
```

D Mixolydian Shape 4

```
          5                      5-7    8-7-5                       5
          7              5-7-8                 8-7-5               7
          7         4-5-7                           7-5-4         7
          5     4-5-7                                    7-5-4    5
             5-7-8                                           7-5  
          5-7-8                                                8-7
```

76

F Mixolydian Shape 3

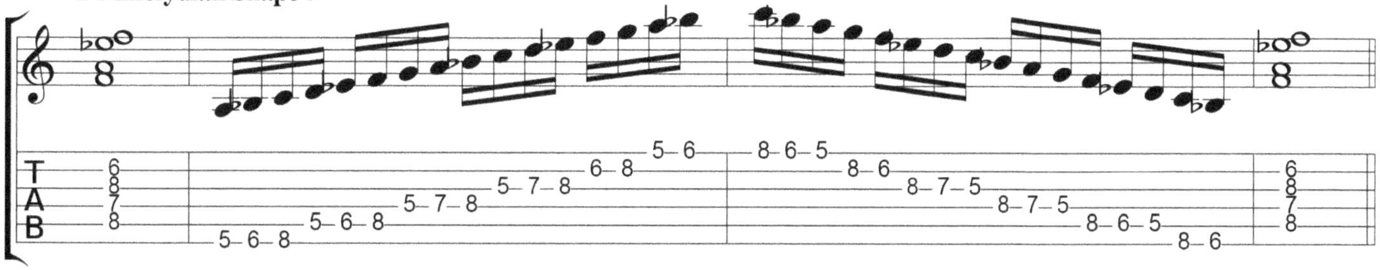

G Mixolydian Shape 2

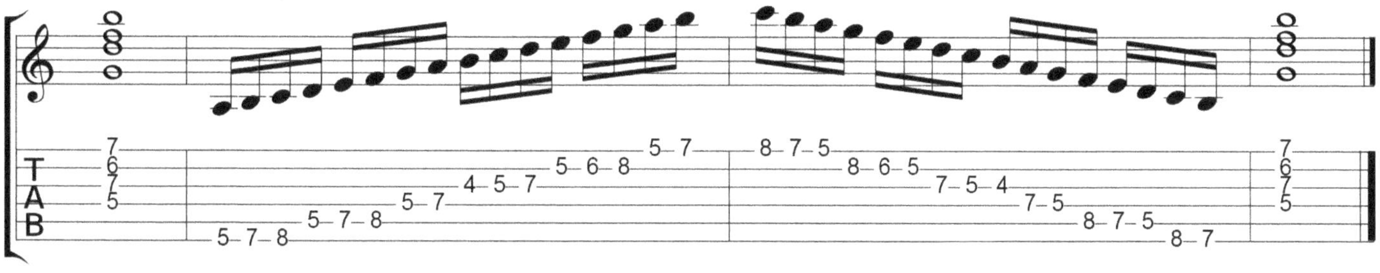

Assim que se sentir capaz, tente essa ideia *sem* tocar os acordes primeiro; apenas visualize-os enquanto você toca as cinco diferentes tonalidades. Faça isso com a Faixa de Apoio nº 7, como mostrado no exemplo 12b:

A Mixolydian

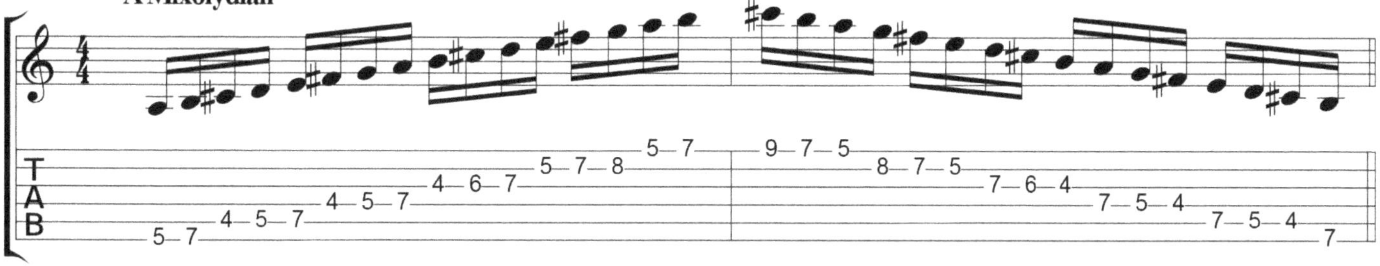

C Mixolydian

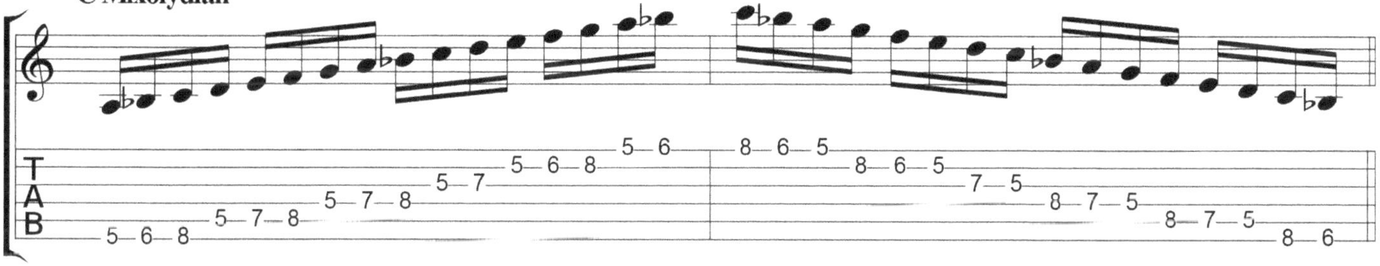

D Mixolydian   etc....

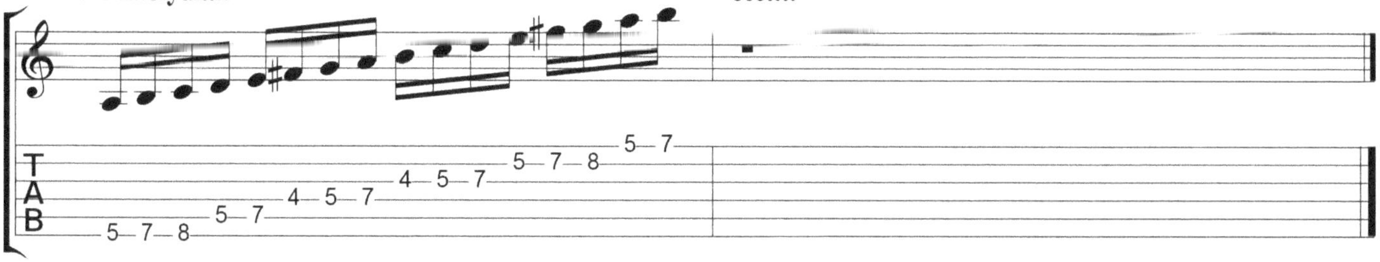

Assim como nós fizemos antes, continue tocando cada escala da sequência descendo e subindo da nota mais alta de cada desenho. Quando tiver dominado isso, suba um desenho e desça no próximo, como no exemplo 12c:

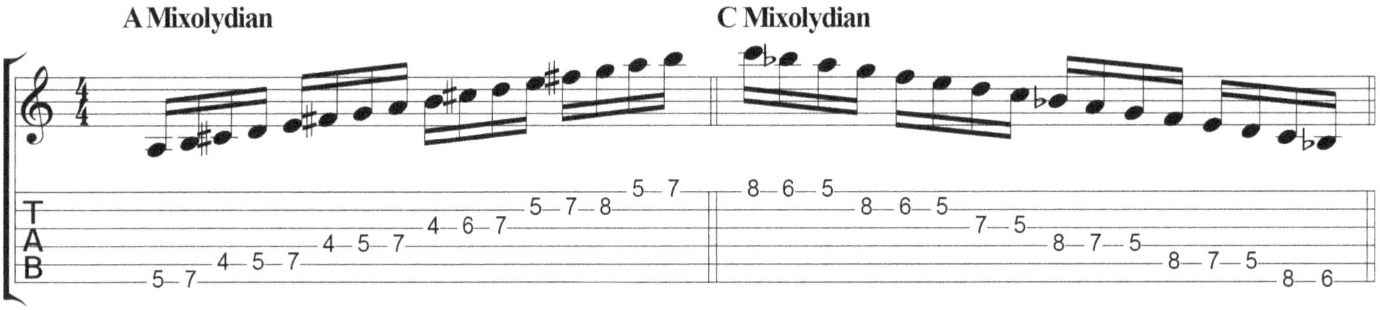

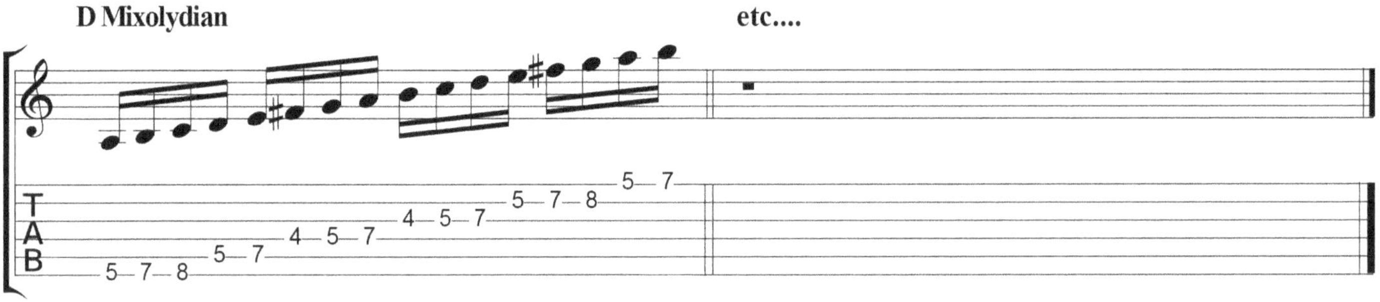

A Mixolydian

C Mixolydian

D Mixolydian

etc....

Por fim, usando a faixa de apoio nº 6, ao invés de tocar uma nova escala Mixolídia para cada troca de acorde, toque um *lick* Mixolídio apropriado para cada desenho/tom. Não mova a sua mão da área entre a 5ª e a 8ª casa do braço da sua guitarra.

Para começar, escolha um lick que você conheça realmente bem para cada desenho de escala, e progressivamente acrescente mais e mais improvisações.

Um exemplo pode ser o 12d:

A Mixolydian

C Mixolydian

D Mixolydian

F Mixolydian

G Mixolydian

Capítulo Treze - A Escala Pentatônica Maior

A escala Pentatônica Maior é um jeito simples e fantástico de colorir a sua performance de blues. Ela é um contraste quente com a escala Pentatônica Menor/Blues, e geralmente é utilizada próxima à Pentatônica Menor para "levantar" repentinamente o solo rumo a um território mais feliz, de notas maiores.

A *melhor* coisa sobre a escala Pentatônica Maior é que ela usa exatamente os mesmos desenhos da escala Pentatônica Menor, mas esses desenhos são simplesmente deslocados três casas para trás. Para exemplificar, compare os seguintes diagramas:

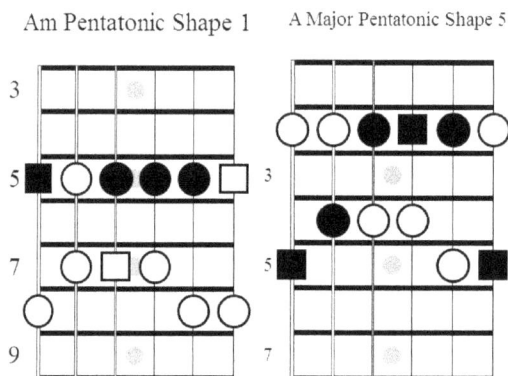

Am Pentatonic Shape 1   A Major Pentatonic Shape 5

Um dos jeitos mais simples de tocar frases na Pentatônica Maior de Lá é mover as suas frases na Pentatônica Menor três casas para trás. Em alguns momentos você precisará tomar cuidado, mas se deixar o seu ouvido guiá-lo, então o seu treinamento não dará errado. Por exemplo, veja o exemplo 13a:

Esse é exatamente o mesmo lick de Pentatônica tocado duas vezes; da segunda vez, ele foi deslocado três semitons para baixo, criando o som da Pentatônica Maior.

Apesar de as escalas Pentatônicas Maior e Menor parecerem a mesma coisa no papel, elas são escalas de sonoridades bastante distintas. Na verdade, a Pentatônica Maior tem mais em comum com o modo Mixolídio do Capítulo Nove do que com a Pentatônica Menor. Isso fica claro quando comparamos as duas escalas:

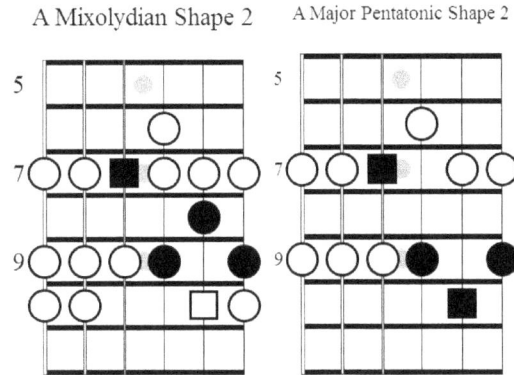

A Mixolydian Shape 2   A Major Pentatonic Shape 2

Se você retirar as notas da 8ª casa das cordas 5 e 6, você verá que elas se tornam a mesma escala. A escala Pentatônica Maior é como um modo Mixolídio enxuto.

Apesar de o fato de você poder descer as suas linhas de Pentatônica Menor três casas ser um macete bem útil, é obviamente importante que você consiga enxergar a escala Pentatônica Maior como uma entidade própria. Aprenda-a com o sistema ACDFG. Aqui estão os desenhos da Pentatônica Maior com os seus respectivos acordes:

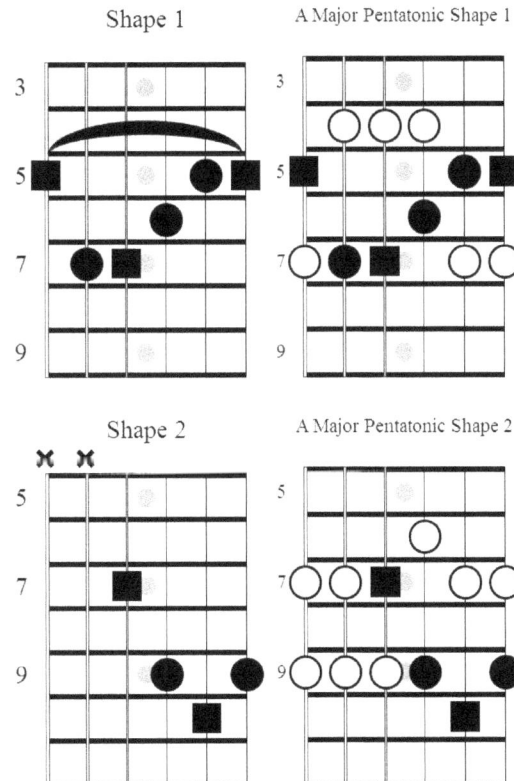

Shape 1   A Major Pentatonic Shape 1

Shape 2   A Major Pentatonic Shape 2

Shape 3 A Major Pentatonic Shape 3

Shape 4 A Major Pentatonic Shape 4

Shape 5 A Major Pentatonic Shape 5

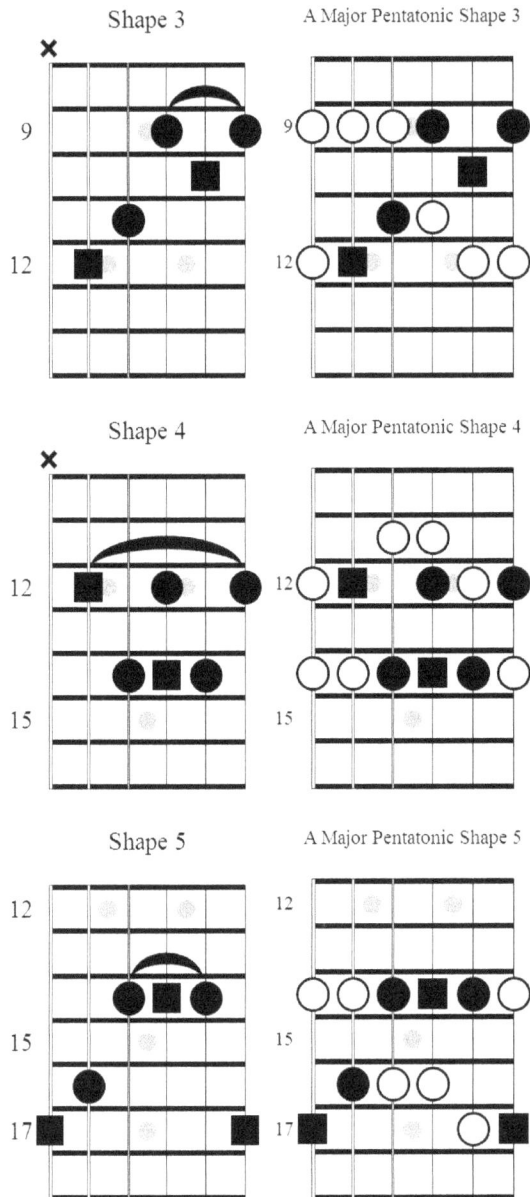

Você já conhece o procedimento, então aprenda os desenhos da escala em todos os cinco tons e em todas as cinco posições. Lembre-se de tocar da nota mais grave até a nota mais aguda de cada desenho para manter as coisas ritmicamente consistentes.

Eu escrevi, no exemplo 13b, o exercício ACDFG extraído da escala Pentatônica Maior entre a 5ª e 8ª casas para todos os cinco tons.

Faça-o subindo e descendo com a faixa de apoio nº 6, e então suba um desenho e desça no próximo, utilizando a faixa de apoio nº 8.

A Major Pentatonic

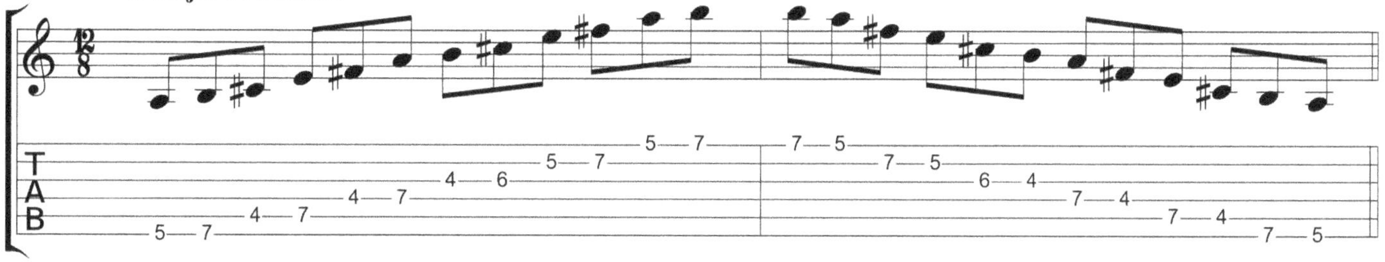

C Major Pentatonic

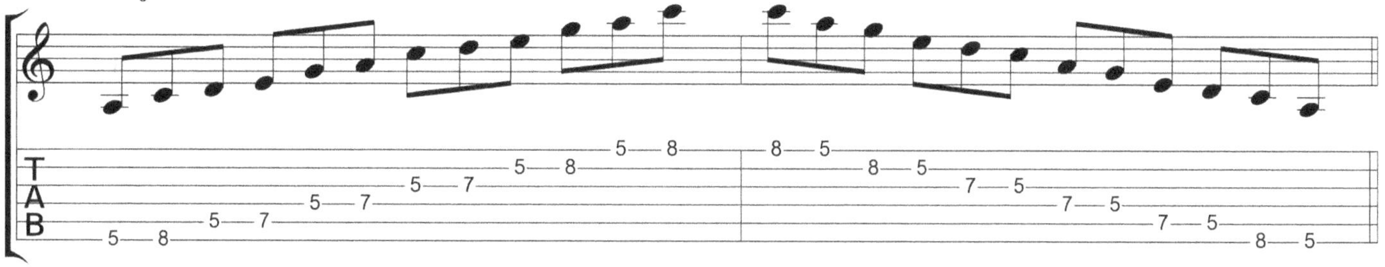

D Major Pentatonic

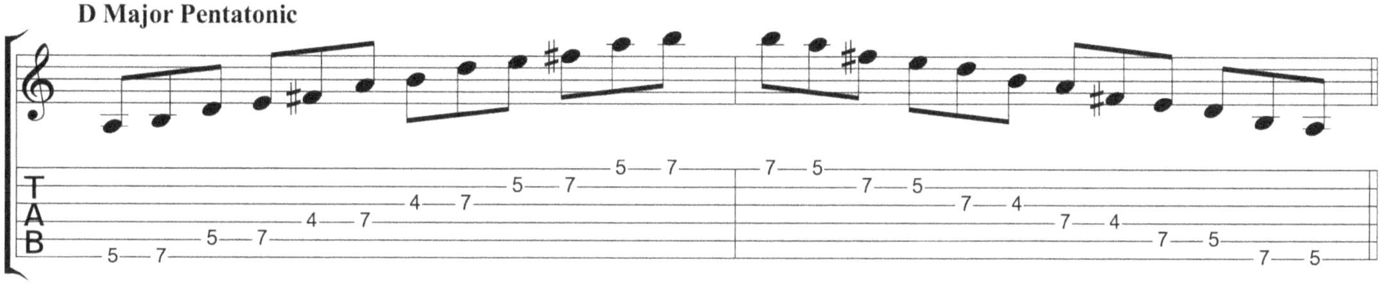

F Major Pentatonic

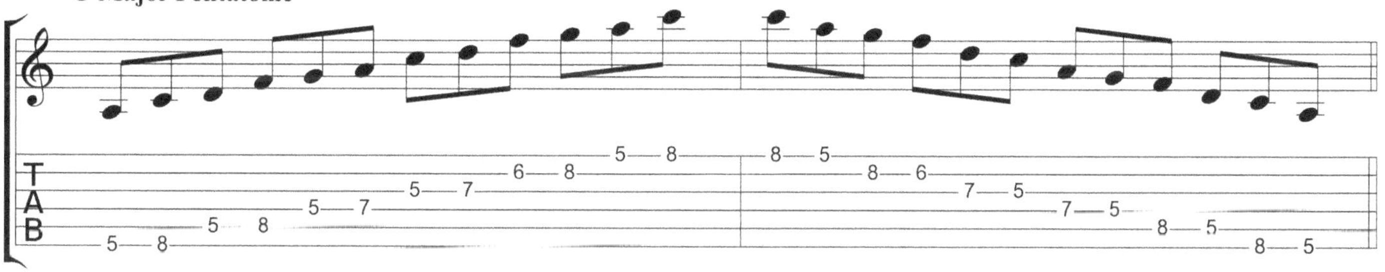

G Major Pentatonic

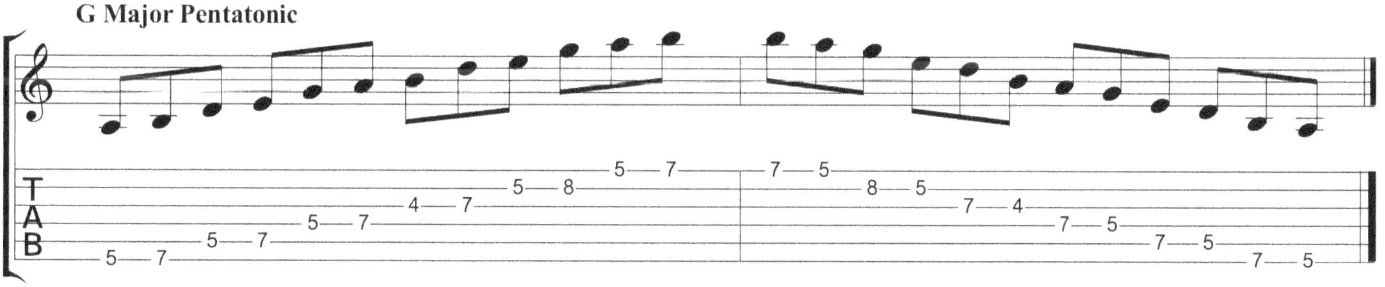

A escala Pentatônica Maior tem um som fantástico sobre um blues dominante ou maior, mas ela não funciona muito bem sobre um blues menor. Ela é usada bastante na música country e em todos esses double-stops «à la Hendrix" que você verá nos próximos 25 exemplos. Assim como no modo Mixolídio, as escalas Pentatônicas Maiores são livremente combinadas com a escala Blues para dar um sabor mais rico ao seu som.

Licks do Desenho 1 da Pentatônica Maior de Lá

A Major Pentatonic Shape 1

Exemplo 13.1a

Exemplo 13.1b

84

Exemplo 13.1c

Exemplo 13.1d

Exemplo 13.1e

Licks do Desenho 2 da Pentatônica Maior de Lá

A Major Pentatonic Shape 2

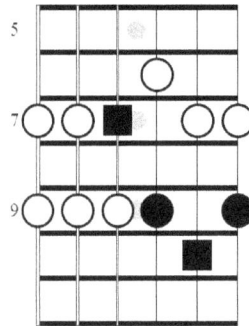

Exemplo 13.2a

Exemplo 13.2b

Exemplo 13.2c

Hold Bend   Release

Exemplo 13.2d

Exemplo 13.2e

Licks do Desenho 3 da Pentatônica Maior de Lá

A Major Pentatonic Shape 3

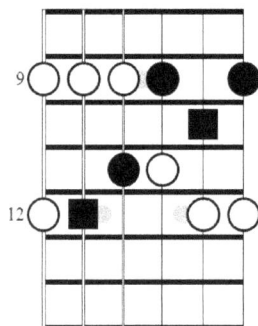

Exemplo 13.3a

Exemplo 13.3b

Exemplo 13.3c

Exemplo 13.3d

Hold Bend   Release

Exemplo 13.3e

Licks do Desenho 4 da Pentatônica Maior de Lá

A Major Pentatonic Shape 4

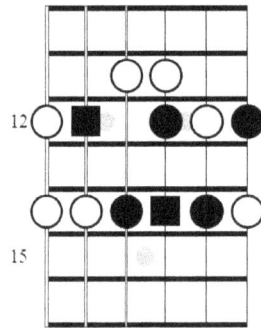

Exemplo 13.4a

Exemplo 13.4b

Exemplo 13.4c

Exemplo 13.4d

Exemplo 13.4e

Licks do Desenho 5 da Pentatônica Maior de Lá

A Major Pentatonic Shape 5

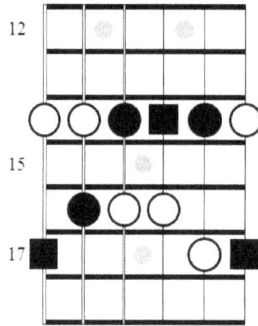

Exemplo 13.5a

Hold Bend   Release

Exemplo 13.5b

Exemplo 13.5c

Exemplo 13.5d

Exemplo 13.5e

Capítulo Quatorze - Conclusões e Conselhos

Se você seguiu o sistema deste livro, então você não deve ter problemas em visualizar, tocar e ouvir todas essas escalas e licks em qualquer posição e em qualquer tom no braço da guitarra. Lembre-se do sistema:

Aprenda o desenho do acorde.

Extraia o desenho da escala de cada acorde.

Aprenda cada lick ao redor de cada desenho de acorde.

Incorpore os licks à sua própria execução, cercando-os com as suas próprias improvisações.

Tocar os licks em diferentes tons enquanto permanece na mesma posição é o *melhor* jeito de aprender os desenhos de escala em cada área da guitarra.

Você não precisa tocar esses licks "literalmente". Eles estão ali apenas para guiá-lo sobre cada desenho e para acostumar o seu ouvido com o som e com o *feeling* de cada escala. Tente começar cada lick em um lugar diferente do compasso; você pode conseguir alguns efeitos bem interessantes no seu fraseado.

Varie a sua palhetada. Caia dentro com a palheta; tente tocar perto do braço, ou perto da ponte. É uma ótima forma de adicionar cor e variações de tom à sua execução.

ENSAIE! Vá ao YouTube e procure por faixas de apoio; há um monte. Melhor ainda, encontre um amigo e revezem-se na hora de solar.

Tente variar as escalas que você toca sobre diferentes acordes na progressão. Por exemplo, em uma progressão que segue:

Tente alguns licks da Escala Blues de Lá sobre o A7, licks de Ré Mixolídio sobre o D7 e tente licks da Pentatônica Maior de Mi sobre o E7.

Acima de tudo, divirta-se e experimente. Seus ouvidos são a sua ferramenta mais importante, então ouça os guitarristas que você realmente gosta e aprenda a linguagem deles.

Boa Sorte,

Joseph

www.ingramcontent.com/pod-product-compliance
Lightning Source LLC
Chambersburg PA
CBHW081435090426
42740CB00017B/3310